Büro-Spicker

Konferenzen und Meetings

D1726430

Dietmar Kern

Compact Verlag

Bisher sind in dieser Reihe erschienen:

Business English
Englisch Konversation
Englisch Korrespondenz
Englisch telefonieren
Fremdwörter
Knigge für den Beruf
Konferenzen und Meetings
Konfliktmanagement
Kreativitätstechniken

Marketing Grundwissen
Mitarbeiter richtig führen
Mobbing
Office Management
Projektmanagement
Selbstmanagement
Verkaufspsychologie
Zeitmanagement

© 2009 Compact Verlag München
Alle Rechte vorbehalten. Nachdruck, auch
auszugsweise, nur mit ausdrücklicher
Genehmigung des Verlages gestattet.
Chefredaktion: Dr. Angela Sendlinger
Redaktion: Anke Fischer
Produktion: Wolfram Friedrich
Titelabbildung: Mauritius
Umschlaggestaltung: Axel Ganguin
Typografischer Entwurf: Axel Ganguin

ISBN 978-3-8174-7565-0
7175653

Besuchen Sie uns im Internet: www.compactverlag.de

Inhalt

Vorwort

Konferenzen müssen sein, sie sind notwendig, um aufgetretene Problemfelder gemeinsam zu besprechen. Aber es sind in den meisten Fällen Konferenzen, wie sie jeder kennt: Unstrukturiert wird diskutiert, die einen reden, die anderen schweigen. Ergebnisse werden zwar festgehalten, aber ohne Verbindlichkeit. Unzufrieden verlassen die meisten den Raum. Es gibt aber kein Naturgesetz, nach dem Meetings zwangsläufig zu Streitereien führen, zeitraubend und frustrierend sein müssen. Ein professioneller Konferenz-Moderator kann das verhindern. Denn entscheidend ist immer, wie die jeweiligen Sitzungen vorbereitet und geleitet werden.

Um dies zu erreichen, muss nicht nur die Betriebs-, sondern insbesondere die Besprechungskultur im Unternehmen geändert werden. Bereits mit einem wohl durchdachten Setting werden die Voraussetzungen für eine erfolgreiche Konferenz geschaffen. Es entsteht ein kooperatives Verhalten, gemeinsame Spielregeln sorgen für Achtsamkeit und Respekt im Umgang miteinander, gemeinsam werden Inhalte diskutiert, neue Ideen entwickelt und die Ergebnisse gesichert.

1. Grundlagen des Veranstaltungsmanagements

Voraussetzung dafür, dass Konferenzen und Meetings inhaltlich erfolgreich sind und organisatorisch reibungslos und ohne Pannen ablaufen, ist eine inhaltlich kenntnisreiche Konzeption und eine weit blickende Organisation. Erwartet werden brauchbare Tagungsunterlagen, motivierende Arbeitsformen, inhaltlich und didaktisch kenntnisreiche Referenten und Moderatoren sowie helle und gut ausgestattete Tagungsräume – und bei größeren Konferenzen außerhalb des Unternehmens – eine gute und preiswerte Unterkunft, eine problemlose An- und Abreise.

Werden die Erwartungen erfüllt, ist das normal. Geht aber etwas daneben, ist der Ärger groß. Verständnis kann man kaum erwarten. Der Aufwand und die Mühe, die bei der Vorbereitung und bei der Durchführung anfallen, werden selten anerkannt und meist auch unterschätzt. Denn eine Vielzahl von Dingen, für sich genommen bedeutungslose Details, müssen immer wieder neu überdacht und genau ausgeführt werden.

Für die Planung und Durchführung aller mit der Organisation einer Konferenz zusammenhängenden Arbeiten sollten Sie ein Organisationsteam bilden. Aufgaben dieses Teams sind die Vorbereitung (Planung, Konzeption, Beschaffung, Werbung), die Durchführung (Ablauf) und die Nachbereitung (Abschluss, Auswertung). Die Aufstellung eines Team verringert die Gefahr erheblich, dass schwere Fehler unterlaufen.

Innerhalb des Teams sollten sich die Aufgaben nach den Fähigkeiten und der Interessenlage der Einzelnen verteilen. Das Vorbereitungsteam sollte eine verantwortliche Ansprechperson bestimmen, die den Gesamtüberblick behält und die Arbeiten koordiniert. Von ihrem Engagement und ihren Fähigkeiten ist die Organisation und das Gelingen der Konferenz zum großen Teil abhängig.

Zur eigenen Kontrolle ist es am besten, wenn schon an der Vorbereitung der Konferenz einige der vorgesehenen Teilnehmer beteiligt werden. Es kann sich ein kleiner Beraterstab von drei bis vier Leuten bilden, der die Zielgruppe repräsentiert. Auf diese Weise wird weitgehend verhindert, dass an deren Interessen und Bedürfnissen vorbeigeplant wird.

Die Zusammensetzung des Vorbereitungsteams sollte sich an den für die Tagungsorganisation und -durchführung erforderlichen Kompetenzen und Qualifikationen orientieren (z. B. fachliche Kompetenzen, Erfahrungen mit Presse- und Öffentlichkeitsarbeit, Erfahrung mit Arbeitsmethoden etc.). Das Vorbereitungsteam sollte regelmäßig zusammenkommen, den Stand der Dinge bereden und mögliche Pannen und Versäumnisse voraussehen. Wichtig ist, dass alle Teammitglieder bestens informiert sind. Es besteht sonst die Gefahr, dass es zu Konflikten kommt.

In das schriftliche Protokoll der Vorbereitungssitzungen sollten alle Entscheidungen, Arbeitsaufgaben, Zuständigkeiten und Termine aufgenommen werden. Das Protokoll kann allerdings nur Früchte tragen, wenn alle Teammitglieder auch ein Exemplar in die Hand bekommen. Zeit, Engagement und Aufwand, die in die Tagungskonzeption investiert werden, zahlen sich meist in den inhaltlichen Ergebnissen vielfach wieder aus.

> **Infobox**
>
> **Durch fundierte Kritik kann jedes Konzept nur besser werden.**

Es lohnt sich, die Konzeption einer Konferenz mit möglichst vielen unabhängigen „Fachleuten" und „normalen" Menschen immer und immer wieder durchzusprechen: was sie davon halten und wozu sie Ihnen raten. Die inhaltliche Feinarbeit braucht Zeit. Lieber einmal zu viel gefragt als einen wichtigen inhaltlichen Aspekt zu vergessen oder zu übersehen. Denn Ideen und Vorschläge, die in der Konzeptionsphase der Planung auftauchen, sind noch problemlos zu integrieren und ohne großen Aufwand umzusetzen.

1.1 Arten von Veranstaltungen

Sind die Veranstaltungsziele formuliert, die Zielgruppen bestimmt und die Inhalte geklärt, muss über die Art der Veranstaltung nachgedacht werden:

> **Infobox**
>
> **Die Art der Veranstaltung richtet sich nach Zielen sowie nach Zusammensetzung und Zahl der Teilnehmer. Beides sollte feststehen, bevor der Veranstaltungstyp festgelegt wird.**

Mitarbeiter-Treffen: Besprechungen (2–10 Teilnehmer) kommen meist eher spontan zustande. Der Gesprächsbedarf ist in der Regel weniger komplex, der Organisationsaufwand gering.

Seminar: Seminare (8–16 Teilnehmer) werden in vielfältigen Formen durchgeführt. Seminarelemente können sein: Kurzreferate zu Einzelthemen mit anschließender Diskussion in Arbeitsgruppen (7–12 Teilnehmer), Vortragen der Gruppenergebnisse, Diskussionen, Zusammenfassungen und ggf. Beschlüsse. Manchmal werden die Arbeitsgruppen zu bestimmten Themen erst am Tagungsort von den Teilnehmern festgelegt.

Workshop: Bei Workshops (10–20 Teilnehmer) geht es in der Regel um Informationsaustausch, Entscheidungsvorbereitung und die Erarbeitung von handlungsorientierten Problemlösungen. Workshops haben einen gewissen inhaltlichen Vorlauf, der Arbeitsraum muss mit Visualisierungshilfsmitteln ausgestattet werden.

Konferenz: Konferenzen (bis zu 50 Teilnehmer) nehmen in der Regel einen entscheidungsorientierten Verlauf, meist stehen mehrere, oft strittige Themen zur Diskussion, die häufig durch Abstimmung entschieden werden.

Tagung: Kennzeichnend sind Vorträge und Referate zu verschiedenen Aspekten eines Tagungsthemas, oft werden auch neue Erkenntnisse präsentiert. Die Themen wurden bereits vor der Tagung aufgeteilt. Unter Umständen bilden sich bereits im Vorfeld der Tagung (ab 50 Teilnehmer) Arbeitsgruppen, die mit entsprechenden Beschlüssen und konkreten Empfehlungen zur Tagung kommen und die Arbeitsgruppenergebnisse zur Diskussion stellen.

Symposium: Diese Veranstaltungsform (50–300 Teilnehmer) dient ausschließlich der Fachinformation. Fachleute äußern sich – streng an ihr Fachgebiet gebunden – zu einer thematisch vorgegebenen Fragestellung. Eine Diskussion zwischen den Experten und/oder mit dem Publikum ist nicht vorgesehen, das Publikum greift nur mit Fragen zur Klärung des Themas ein. Wegen der inhaltlichen und organisatorischen Vorbereitung (z. B. Referentengewinnung, Einladungs-/Anmeldungsverfahren, Buchung des Veranstaltungsortes) ist eine gewisse Vorlaufzeit einzuplanen.

Kongress: Im Mittelpunkt von Kongressen (ab 300 Teilnehmer) stehen Fachvorträge und der Erfahrungsaustausch. Diese Veranstaltungsform hat immer auch den Charakter einer Informationsbörse, bei der informelle Kontakte eine große Rolle spielen. Kongresse sind oft mehrtägig und mehrsprachig, meist wird ein Rahmenprogramm angeboten.

Pressekonferenz: Die Pressekonferenz ist ein klassisches Instrument der Medienarbeit. Sie ist eine Veranstaltung, bei der eine Organisation, eine Institution, ein Verband oder ein Verein über aktuelle oder wichtige Ereignisse und Entwicklungen berichtet und mit den Journalisten spricht. Eine Pressekonferenz muss sich für die Journalisten lohnen, sie müssen Informationen und Nachrichten von herausragender Bedeutung aus erster Hand erhalten.

Podiumsdiskussion: Podiumsdiskussionen sind immer dann angezeigt, wenn verschiedene Meinungen gegenübergestellt werden sollen. Der Zuhörerkreis sollte möglichst so klein sein, dass jeder von seinem Platz aus für alle verständlich sprechen kann. Saalmikrofone lassen zwar in der Regel keine echte Diskussion zu, sind aber bei größeren Veranstaltungen nicht zu vermeiden. Eine drahtlose Mikrofonanlage ist eine gute, aber leider auch teure Lösung.

Mit der Art der Veranstaltung müssen Sie auch deren Größenordnung festlegen: werden zwischen 3 und 20 Personen, zwischen 20 und 50 Personen, zwischen 50 und 100 Personen oder noch mehr Personen kommen? Danach kann man nach geeigneten Räumlichkeiten suchen.

Checkliste für Konferenzen	
Veranstaltung:	
von:	
bis:	
Veranstaltungsort:	
Allgemeines	
Zweck der Veranstaltung	
Zielsetzung	
Zielgruppe	
Leitungskreis bilden, evtl. in Untergruppen aufteilen	
Größe der Veranstaltung festlegen	
Versammlungsraum festlegen (Verordnung einsehen)	
Finanzierungsplan festlegen	

Checkliste für Konferenzen

Termine festlegen (Feiertage/ Urlaubszeiten beachten)	
Themen/Inhalte festlegen	
Art der Veranstaltung	
Einzelvortrag	
Vortragsreihe	
Seminar	
Arbeitskreis	
Arbeitsgruppen	
Podiumsdiskussion	
Filmreihe	
Redner/Referent	
Welche/r Referent/en? (frühzeitig anfragen)	
Welche Kosten?	
Ort und Räume festlegen	
Tagungsräume	
Nebenräume	
Tagungsbüro	
Empfang	
Raum für Dia-Annahme	
Ausstellungsräume	
Ruheräume	

Checkliste für Konferenzen

Sanitärräume	
Garderobe	
Bestuhlung	
Theaterbestuhlung (theaterstyle)	
Parlamentarische Sitzordnung (classroom)	
Fischgrätenform (chevronstyle) Blocktafel (conferencestyle)	
Bankettbestuhlung (round table)	
Carré-Form (hollow square)	
U-Form (U-shape)	
E-Form (E-shape)	
T-Form (T-shape)	
Eckdaten festlegen	
Beginn der Veranstaltung	
Aufbauzeiten	
Einlass	
Programmgestaltung	
Abbau	
Technische Hilfsmittel	
a) visuelle Medien	

Checkliste für Konferenzen

Flipchart (Stifte)	
Overheadprojektor (Folien)	
Diaprojektor (ab 500 Watt: Dias im Glasrahmen!)	
Filmprojektor	
Video-/Datenprojektion	
Leinwand	
Laserpointer	
b) Audiotechnik	
Beschallung	
Lautsprecher	
Mikrofone	
drahtlose Mikrofone (Saalmikrofon)	
Dolmetscheranlage	
Abstimmanlage	
Kassettenrecorder (Mitschnitt der Konferenz)	
c) Tagungstechnik	
Telefon	
Telefax	
Internetzugang	
Fotokopierer	
Computer mit Datenbank	

Checkliste für Konferenzen

Funkanlage (für Organisation und Technik)	
Anschluss 230 Volt (Verlängerungskabel)	
Raumausstattung	
Rednerpult	
Stellwände	
Ablagetische (z. B für Overheadprojektoren)	
Abdunklungsmöglichkeiten	
Firmenlogos	
Musik	
Blumengestecke	
Tischdekoration	
Präsente	
Sonstiges	
Raumabnahme	
Verträge abschließen	
Art der Nacharbeit planen	
Einladeaktion	
Persönliche Einladung	
Mailings	
Infostand	

Checkliste für Konferenzen

Pressekonferenz	
Zeitung	
Fachzeitschriften	
Rundfunk	
Fernsehen	
Journalisten	
Fotografen	
Handzettel	
Informationsmaterial	
Info-Brief	
Tagungsmappen	
Pressemappen	
Programm	
Aufriss der Referate	
Teilnehmerliste	
Namensschilder	
Notizpapier	
Regieplan	
Unterlagen für die Dolmetscher und die Technik-Firmen	
Anreise und Unterkunft	
Referenten	
Mitarbeiter	

Checkliste für Konferenzen

Teilnehmer	
Bildung von Fahrgemeinschaften	
Anfahrtsskizze (Angabe von Bahnverbindungen)	
Taxi	
Parkmöglichkeiten	
Hotelreservierungen	
Einzelzimmer	
Doppelzimmer	
Bewirtung	
Begrüßungscocktail	
Konferenzgetränke	
Kaffeepausen	
Frühstück	
Mittagessen	
Snacks	
Abendessen	
Rahmenprogramm	
Besichtigungen	
Werksbesichtigungen	
Stadtrundfahrten	
Damenprogramm	
Theater, Oper	
Museum	

1.2 Methodik des Veranstaltungsmanagements

Ein professioneller Konferenz-Moderator hat es gelernt, die gesamte Gruppe in die Diskussion mit einzubinden und er sorgt dafür, dass Fragen gestellt und nicht unterdrückt werden. Nicht die Personen stehen im Mittelpunkt, sondern die Sache selbst. Mithilfe von Zeitvorgaben werden die Vielredner gestoppt, die Konzentration der Gruppe wird auf das Ergebnis fokussiert. Auf diese Weise können Entscheidungen ohne größeren Zeitverlust getroffen werden.

> **Infobox**
>
> **Der Konferenzmoderator trägt entscheidend zum Gelingen eines Meetings bei. Die Fähigkeit, eine größere Anzahl von Menschen zu leiten sowie eine gründliche thematische Vorbereitung sind daher unerlässlich.**

Im Ergebnis entsteht schließlich eine Konferenzkultur, die sachzentriert und achtsam in der gemeinsamen Arbeit auf die gesamte Unternehmenskultur abstrahlt. So werden Konferenzen und Meetings zukünftig nicht mehr als Verschwendung von Zeit und Geld empfunden, sondern bedeuten für jedes Unternehmen eine deutliche Effektivitätssteigerung.

Techniken und Methoden der Ideenentwicklung und -bearbeitung

Um eine optimale Ideenentwicklung und -bearbeitung sicherzustellen, sollten Sie herausfinden, wann Sie am aktivsten sind. Manche sind Morgenmenschen und schaffen in den Vormittagsstunden das Hauptvolumen ihres Tagespensums, andere entfalten ihre Hauptaktivitäten am Nachmittag. Wieder andere sind in den Nachtstunden am produktivsten. Testen Sie, zu welcher Kategorie Sie gehören und richten Sie sich mit Ihrer Zeiteinteilung danach.

Für eine wirklich kreative und schöpferische Arbeit benötigen Sie Energie, Ausdauer und Klarheit über Ihre Zielsetzung. Viele Moderatoren haben die irrige Ansicht, sie könnten ihre Moderation leicht im Büro ausarbeiten und vorbereiten. Aber in der Regel gibt es dort viel zu viele Störungen. Unterbrechungen durch Telefonate sowie ablenkende visuelle und akustische Eindrücke halten von wirklich konzentriertem Denken ab. Eine sehr wichtige Voraussetzung ist also ein Raum mit Ruhe. Wer in der Stille arbeiten kann, kann bestimmt das Dreifache leisten.

Technik der Ideensammlung

Nehmen Sie sich zuerst einmal genügend Zeit, die Ihnen gestellte Aufgabe in allen Konsequenzen zu durchdenken, damit Sie sich Klarheit über Ihre Vorgehensweise verschaffen. Entsprechende Ideenanregungen und Denkimpulse stellen sich ein, sobald sich das festgelegte Thema in Ihrer Gedankenwelt eingenistet hat. Verwenden Sie die Brainstorming-Methode für die Ausarbeitung neuer Ideen. Das heißt: Listen Sie für sich allein oder in einer Gruppe Gedankengänge und Anregungen zu einem bestimmten Thema auf.

Infobox

Nicht die Reproduktion der traditionellen Konferenz ist gefragt, sondern gemeinsames Arbeiten und Kooperation.

Sie werden sehen, dass aus einem Gedankengang heraus durch Assoziation der nächste entspringt; wichtig ist nur der Anfang. Schreiben Sie in diesem Zusammenhang nicht immer nur mit Bleistift auf Papier, sondern diktieren Sie Ihre Ideen auch mal auf ein Tonband.

Auf einen Blick

Bei der Organisation von Veranstaltungen sollten Sie folgendermaßen vorgehen:
→ Bilden Sie ein Organisationsteam und verteilen Sie die Aufgaben nach der Kompetenz des jeweiligen Teammitglieds: So verringern Sie

die Gefahr, dass Ihnen schwerwiegende Fehler unterlaufen.

→ Vereinbaren Sie regelmäßige Treffen des Vorbereitungsteams und halten Sie die Ergebnisse der Besprechungen schriftlich fest.

→ Bilden Sie einen kleinen Beraterstab, der die Zielgruppe repräsentiert. So vermeiden Sie es, an deren Interessen und Bedürfnissen vorbei zu planen.

→ Legen Sie fest, welche Art von Veranstaltung am geeignetsten für Ihre Ziele und den anvisierten Teilnehmerkreis ist.

Folgende Tipps helfen Ihnen bei der inhaltlichen Vorbereitung:

→ Finden Sie heraus, wann Sie am kreativsten sind und richten Sie Ihre Zeiteinteilung danach aus.

→ Suchen Sie sich einen ruhigen Platz, wo Sie die Veranstaltung ungestört vorbereiten können. Das Büro ist selten ein geeigneter Ort!

→ Nutzen Sie die Brainstorming-Methode für die Entwicklung neuer Ideen.

2. Veranstaltungsplanung

Die beiden wichtigsten Fragen, die sich die Veranstaltungsplaner stellen müssen und die die gesamte Planungs- und Konzeptionsphase bestimmen, sind:

Was soll eigentlich mit der Veranstaltung/Konferenz erreicht werden?
Was wollen die Veranstaltungs-/Konferenzteilnehmer?

Sicher ist es richtig, dass die für eine Veranstaltung/Konferenz Verantwortlichen ihre eigenen Vorstellungen zu verwirklichen suchen. Unter Umständen gehen diese Vorstellungen jedoch an den Realitäten vollständig vorbei, wenn die Interessen und Bedürfnisse derer, für die die Veranstaltung/Konferenz gedacht ist, nicht genügend bekannt sind oder nicht berücksichtigt werden.

Der finanzielle Aufwand für Meetings und Konferenzen ist meist hoch. Trotzdem entspricht das Ergebnis oder der Erfolg, obwohl schwer messbar, nicht immer den Erwartungen. Dies liegt oft an mangelhafter Vorbereitung und Organisation. Die meisten Unternehmen verfügen nicht über professionell ausgebildete Konferenzorganisatoren, daher werden Mitarbeiter beauftragt, die zwar hoch motiviert sind, aber nicht über die notwendige Erfahrung oder ausreichendes Wissen verfügen.

Überlassen Sie die Organisation größerer Veranstaltungen nie unerfahrenen Mitarbeitern, so motiviert sie auch sein mögen! Sie können ihre Fähigkeiten auch bei Veranstaltungen in kleinerem Rahmen erproben.

Meetings und Konferenzen werden oft durch die Komplexität der Organisation bestimmt. Dies hängt zum einen mit der Anzahl der Teilnehmer und zum anderen mit der Firmenstruktur zusammen. Dennoch gilt für jede Art von betrieblicher Veranstaltung: Zuerst müssen die Ziele festlegt werden, bevor mit der Organisation begonnen wird. Ein Ziel ergibt sich aus dem Charakter der jeweiligen Konferenz, und kann z. B. die Reflexion eines bestimmten Problems sein. Das erste Ziel der Organisatoren sollte also sein, das Ziel der Veranstaltung genau zu bestimmen.

Der zweite Zielbereich ist, die Teilnehmer für die Dauer der Konferenz zu motivieren. Dies kann z. B. durch die Vorstellung konkreter Erneuerungen gelingen, wie neue Projekte, neue Strategien, neue Budgets oder neue Pläne. Ein erfahrener Moderator versteht es, alle Anwesenden in die Diskussion einzubeziehen. Er muss einerseits die Teilnehmer dazu motivieren können, Fragen zu stellen und andererseits verhindern, dass einige die Veranstaltung zur Profilierung ausnutzen. Doch die Sache selbst steht im Mittelpunkt und nichts anderes. Schließlich geht es darum, so bald wie möglich zu einem Ergebnis zu kommen und Entscheidungen zu treffen. Auf diese Weise trägt der Moderator zu einer echten Konferenzkultur bei, die sich positiv auf das Unternehmen auswirkt. So werden Konferenzen in Zukunft tatsächlich das leisten können, was man von ihnen erhofft: dazu beitragen, die Effektivität des Unternehmens zu steigern.

Ein dritter Bereich sollte in der Beseitigung von Demotivatoren bestehen, also darin, den sprichwörtlichen „Sand aus dem Getriebe" zu nehmen, z. B. durch gezielte Gruppenarbeit oder Teambildung in Meetings. Dadurch wird das gemeinsame Erleben als Motivationselement für die Teilnehmer gefördert. Die Teilnehmer erreichen das Meeting mit einer konkreten oder weniger konkreten Erwartungshaltung bezüglich des Inhalts und des Erlebens. Und genau mit diesen Erwartungen muss sich der Organisator sehr intensiv auseinander setzen.

> **Infobox**
>
> Neben der inhaltlichen Vorbereitung sollte auch bedacht werden, wie das Meeting oder die Konferenz zu einem Gemeinschaftserlebnis für die Teilnehmer wird. Auch das trägt zum Erfolg einer solchen Veranstaltung bei.

Nach der Zielfestlegung bedarf es daher der Aufstellung eines Zeitplans mit Festlegung der einzelnen Meetings. Bestimmte Zeiten werden von Anfang an für die Hauptereignisse reserviert. Der nächste Schritt ist das Entwickeln einer gewissen Dramaturgie (Steigerung) für das gesamte Meeting.

Recherche vor Ort

Auch die Hotelauswahl kann ein Problem aufwerfen. Denn hierfür kommen nur speziell ausgestattete Hotels in Frage. Auch das Hotelmanagement benötigt umfangreiche Erfahrungen bei der Ausrichtung von Meetings und Konferenzen. Ein typischer, aber leider immer wieder gemachter Fehler ist die zu späte Suche nach einem Hotel. Von den wenigen Hotels mit gutem Preis-Leistungs-Verhältnis in der ausgewählten Region fallen dann auch noch die aus, die bereits ausgebucht sind. Und dies sind oft die Besten. Unerlässlich ist auch eine Prüfung vor Ort. Denn um richtig organisieren zu können, muss der Organisator das Hotel gesehen und das Hotelpersonal kennen gelernt haben. Er muss die örtlichen Gegebenheiten (Rahmenprogramm), die Restaurants und die Anfahrtswege kennen. Man sollte die erforderliche Technik bei einer Teilnehmerzahl von 50 und mehr nicht unterschätzen. Besonders bei Konferenzen ist zeitgemäße Technik unerlässlich. Fast schon selbstverständlich sind: Mikrofonanlage, Video- und Diaprojektionen auf eine Großleinwand, Laptop-Präsentation etc.

Soll dies alles professionell gestaltet werden, ist die technische Ausstattung, die Hotels bieten können, oftmals überfordert. Daher gilt auch hier: einen Spezialisten beauftragen. Vor Konferenzbeginn muss auch rechtzeitig der Stand der Vorbereitungsarbeiten überprüft werden. Rechtzeitig heißt: so früh, dass sich eventuelle Fehlentwicklungen oder zeitliche Verzögerungen problemlos korrigieren lassen. Erst mit diesen Kenntnissen ist man in der Lage, eventuelle Pannen auch während der Veranstaltung unbemerkt für die Teilnehmer zu meistern.

Checklisten helfen
Am Abend vor Beginn wird gemäß Arbeitsplan die Abnahme durchgeführt. Mittels Checklisten werden die Konferenzräume geprüft und mit den Verantwortlichen noch einmal besprochen. Während der Konferenz sollte der Organisator immer erreichbar sein, denn es gibt bei jeder noch so gut durchdachten Organisation immer wieder Fragen und Kleinigkeiten, die schief laufen und sich zu einem großen Problem auswachsen können, wenn nicht umgehend korrigierend eingegriffen wird. Ein detaillierter Arbeitsplan, der genau angibt, welche Aktionen zu welchem Zeitpunkt zu kontrollieren oder selbst durchzuführen sind, hilft hier enorm.

Die Teilnehmer sollten bei größeren Konferenzen auch immer einen Anlaufpunkt für Fragen und Informationen haben. Ein Flipchart mit aktuellen Informationen bzw. Programmänderungen im Foyer reduziert die Anzahl der Nachfragen. Ein Veranstaltungsbüro wird notwendig, wenn schriftliche Protokolle, Diskussionsergebnisse etc. die Teilnehmer aktuell erreichen sollen.

Auf einen Blick

WAS?
→ Was für Ergebnisse hat die Teilnehmeranalyse gebracht?
→ Was für Erwartungen haben die Teilnehmer?
→ Was wird als Hauptziel gesetzt?
→ Was wollen Sie mitbringen?
→ Was für Material haben Sie zur Verfügung?
→ Was müssen Sie neu erarbeiten?
→ Was wollen Sie erreichen?

WOMIT?
→ Womit wollen Sie anfangen?
→ Womit möchten Sie enden?
→ Womit können Sie Ihre Teilnehmer gewinnen?
→ Womit können Sie arbeiten?

WIE?
→ Wie wollen Sie vorgehen?
→ Wie wollen Sie überzeugen?
→ Wie sieht Ihre Strategie aus?

→ Wie sehen Ihre Höhepunkte aus?
→ Wie können Sie Einwänden begegnen?

WANN?
→ Wann – an welchem Tag – findet die
  Veranstaltung statt?
→ Wann – um welche Uhrzeit – findet sie statt?
→ Wann müssen die technischen Hilfsmittel
  installiert sein?
→ Wann müssen Sie beginnen?

Der Erfolg einer Veranstaltung trägt immer zum Image eines Unternehmens bei. Daher ist es sinnvoll, sich vor einer Veranstaltung zu überlegen, welches konkrete Ziel erreicht werden soll. Entsprechend dieses Ziels sollte der Organisator auf die aufkommenden Fragen bezüglich der Veranstaltung antworten. Je klarer diese Antworten ausfallen, desto erfolgreicher kann eine Veranstaltung organisiert werden.

Die Teilnehmer bezogene allgemeine Organisation
- Wer organisiert die Konferenz/das Seminar?
- Wer ist für was zuständig? (sehr wichtig, weil sonst vieles unerledigt bleibt)
- Gibt es für Sie eine Kontaktperson?
- Wie viele Teilnehmer werden erwartet?

- Werden einige Teilnehmer übernachten?
- Wer übernimmt die Hotelreservierung?
- Wie ist die Anreise geplant?
- Gibt es eine deutliche Anreiseskizze, einen Hotelprospekt mit Telefonnummernangabe usw.?
- Welche Verkehrsmittel kommen in Frage?
- Ist der Raum der Veranstaltung bereits bekannt?
- Kennen Sie seine Beschaffenheit (Ausstattung, Belüftung, Lichtverhältnisse, Art der Tischaufstellungen usw.)?
- Kann der Raum bereits vor der Konferenz/dem Meeting eingerichtet werden?
- Wie ist der Geräuschpegel von draußen?
- Welche Störfaktoren sind einzukalkulieren?
- Welche technischen Hilfsmittel stehen zur Verfügung? Sind diese alle auf ihre Funktionstüchtigkeit hin überprüft?
- Wie wird der Transport der technischen Ausrüstung durchgeführt?
- Müssen Sie selbst noch etwas mitbringen? Wenn ja, was?
- Welche unerwarteten Belastungen könnten eintreten?
- Wer liefert Namensschilder, Arbeitsmappen, Schreibmaterial usw.?
- Welche Unterlagen benötigen Ihre Teilnehmer?
- Besteht nach der Moderation noch die Möglichkeit zu einer Diskussion?

Sie sehen, wie viele organisatorische Faktoren berücksichtigt und bedacht werden müssen. Schon die Nichtbeachtung von nur einem oder zwei Faktoren kann Ihren Erfolg als Moderator in Frage stellen.

Probieren Sie Alternativen

Selbst wenn Ihre Veranstaltung schon eine gewisse „Tradition" hat und sich Art und Abläufe eingespielt haben, sollten auch einmal Alternativen ausprobiert werden: Gibt es Möglichkeiten, den Rahmen der Veranstaltung zu ändern? Können einzelne Programmteile verändert, ersetzt oder weggelassen werden? Kann ein Thema nicht auch einmal von anderen Personen vorgetragen werden? Vermeiden Sie die Routine: Auf Dauer wird es langweilig, wenn sich nichts ändert.

Auch wenn Sie die einzelnen Elemente und Arbeitsformen mischen und variieren, können Sie eine Veranstaltung interessanter und lebendiger gestalten. Denn die Teilnehmer sollen ja nicht nur mit neuen Inhalten vertraut gemacht werden, sondern auch mit anregenden Methoden an die Inhalte herangeführt werden.

Dasselbe gilt für Arbeitsbesprechungen im kleinen Rahmen. Auch hier wirken kleine Neuerungen und Veränderungen manchmal

| Infobox | Absolut tödlich: „Das haben wir schon immer so gemacht." |

wahre Wunder. Nützlich ist oftmals auch ein Brainstorming mit den Mitarbeitern darüber, was man ändern könnte. Sie werden überrascht sein, wie viele neue Anregungen Sie dadurch erhalten.

Auf einen Blick

→ Übernehmen Sie nie die Verantwortung für die Organisation eines Meetings bzw. einer Konferenz, wenn Sie dazu nicht die notwendige Zeit aufbringen können.

→ Definieren Sie ein konkretes Ziel für die Veranstaltung.

→ Stimmen Sie das Programm auf das definierte Ziel und die Zielgruppe ab.

→ Versetzen Sie sich in die Situation der Teilnehmer und stellen Sie Ihre eigenen Vorstellungen und Wünsche zurück.

→ Achten Sie bei der Auswahl des Tagungshotels auf einen gut ausgestatteten Konferenzbereich, groß genug und mit der benötigten Technik.

→ Erstellen Sie einen Organisationsplan, einen Arbeitsplan für sich selbst und einen Ablaufplan für alle an der Organisation und Durchführung Beteiligten.

→ Benutzen Sie Checklisten.

2.1 Ziel der Veranstaltung

Um bei der inhaltlichen Planung einer Veranstaltung die Ziele so konkret und klar wie möglich definieren zu können, helfen folgende Fragen:

- Warum soll diese Veranstaltung/dieses Meeting/diese Konferenz stattfinden?
- Welches Ausgangsproblem ist für die Zielgruppe offen, ungeklärt, zu bewältigen?
- Was ist das Ziel, wie lässt es sich formulieren?
- Was sollen die Teilnehmer von der Veranstaltung haben, was soll erreicht werden?
- Was ist der Inhalt, das Thema, die Aufgabe der Veranstaltung?
- Wie kann das Ziel erreicht werden? Welche Methoden sind geeignet, die Ziele zu verwirklichen?
- Welche Mittel stehen für den Einsatz der Methoden zur Verfügung? Welche Methoden sollen zum Einsatz kommen?
- Wie lässt sich prüfen, ob die angestrebten Ziele erreicht worden sind?
- Welche äußeren Einflüsse spielen eine Rolle?
- Wer macht die Planung, Vorbereitung und die Durchführung?
- Welche Rolle spielt die Konferenzleitung und Planungsgruppe? Ist sie interessiert oder eher distanziert?

Unklarheiten und inhaltliche Unsicherheiten müssen unbedingt bereits im Vorfeld beseitigt sein, da sie nicht nur die gesamte Planung und Durchführung der Veranstaltung belasten, sondern auch die inhaltlichen Ergebnisse mindern oder gänzlich in Frage stellen können. Wichtig: Auch

wenn es sich bei Ihrer Veranstaltung „nur" um eine Routine-Veranstaltung (Mitarbeiterbesprechung, -konferenz) handelt, sollte sich ein konkretes Ziel benennen lassen.

- Wie lautet das Thema genau?
- Wie viel Zeit steht minimal bzw. maximal zur Verfügung?
- Welche Hauptinhalte werden gewünscht und erwartet?
- Welche Schwerpunkte sollten herauskristallisiert werden?
- Wie soll der Stoff übermittelt werden: als Rede, als Vortrag oder als Repräsentation?

Bevor Sie also weitere Aktionen starten, fragen Sie sich und Ihre Mitarbeiter, ob die Veranstaltung/Tagung/Konferenz auch tatsächlich erforderlich ist. Nur wenn Sie diese Frage eindeutig mit „Ja" beantworten können, beginnen Sie die weiteren Vorbereitungen. Denn nur so lässt sich der Erfolg auch messen und nur so lassen sich Folgeveranstaltungen sinnvoll planen.

Besonderheiten bei Meetings

Bei dem wöchentlichen Meeting wird es immer wieder einige Elemente geben, die Sie jedes Mal wieder abhaken müssen. Sei es, dass Sie über die Leistungen des Teams berichten (Umsatz-/Produktions-/Qualitätszahlen usw.), dass Sie steuernd eingreifen, wenn Sie und Ihr Team vom Ziel abweichen, oder dass Sie besondere Leistungen hervorheben.

Hinzu kommen Punkte, die sich während der Woche ergeben. Entscheiden Sie deshalb, mit welcher Zielsetzung Sie diese auf die Tagesordnung setzen wollen. Entsprechend der Themen müssen Sie für das Meeting also konkrete Ziele vorgeben (Beispiel: Das Team legt die Maßnahmen fest, die erforderlich sind, um die Mehrarbeit bei der Umstellung auf ... zu bewältigen).

Sie sollten sich zwar schon vorab einige grundlegende Gedanken zur Aufgabenstellung machen, eine fertige Lösung ist aber von Ihnen noch nicht gefordert. Denn das Meeting dient ja dazu, von Ihren Mitarbeitern noch weitere Informationen zu erhalten, die für den Themenkomplex wichtig sind. Von daher kann es durchaus auch einmal passieren, dass sich eine ganz andere Lösung ergibt als die von Ihnen angedachte.

Dies kann vor allem anfangs öfter vorkommen, da Sie noch nicht alle Aspekte kennen, die die Situation beeinflussen können. Von daher gehört es insbesondere zur inhaltlichen Vorbereitung, dass Sie sich mit dem Thema eingehend beschäftigen und Informationen sammeln. Fertigen Sie hierzu zunächst eine Materialsammlung an, in der Sie alle Aspekte notieren. In einem weiteren Schritt beginnen Sie, die einzelnen Punkte zu gliedern und zu gewichten. Beispiel: Welche Aspekte gehören zum gleichen Themenkomplex? Was ist eher wichtig und was kann vernachlässigt werden? Daran anschließend machen Sie sich Gedanken darüber, wie Sie die Themen in einer einführenden Kurzdarstellung präsentieren können.

> **Infobox**
>
> Auch für Meetings gelten bestimmte Verhaltensregeln, deren Einhaltung wichtig für den Erfolg der Besprechung ist.

Feste Regeln für die Meeting-Kultur
- Besprechungen werden immer pünktlich begonnen und ebenso pünktlich beendet.
- Störungen bei Meetings wie Anrufe oder Unterbrechungen durch die Sekretärin sind zu unterlassen.

- Mit der Einladung verteilte Unterlagen gelten bei allen Teilnehmern als bekannt und werden nicht noch einmal präsentiert.
- Die Teilnehmer fassen sich kurz und beschränken sich auf das Wesentliche, sie lassen den anderen ausreden und hören ihm zu.
- Killerphrasen und Dominanzverhalten werden vermieden.
- Bevor ein Sachverhalt zur Bewertung kommt, wird dieser zunächst nur beschrieben.
- Einmal von der Gruppe beschlossene Entscheidungen werden nicht nochmals in Frage gestellt.
- Wer von der Gruppe eine Entscheidung möchte, muss einen entscheidungsreifen Vorschlag vorlegen.

Wer anderen ein Feedback gibt, sollte sich an nachfolgende Regeln halten:

- Es werden lediglich Beobachtungen, Eindrücke und Gefühle beschrieben; das Verhalten anderer wird nicht interpretiert.
- Jeder spricht von sich selbst, von dem, was er beobachtet und empfunden hat.
- Es gibt keine Verallgemeinerungen, man bezieht sich auf konkrete Ereignisse und Handlungen.
- Es wird auch über positive Beobachtungen und Eindrücke gesprochen, denn das macht es leichter, Kritik anzunehmen.

Wer dagegen von den Teilnehmern ein Feedback erhält, sollte sich wie folgt verhalten:

- Es werden auch diejenigen Rückmeldungen entgegen genommen, die nicht gefallen.
- Jeder hört zu und gibt keine Erklärungen oder Rechtfertigungen ab. Allerdings sollte dann nachgefragt werden, wenn jemand etwas nicht versteht.

Auf diese Punkte muss ein Meeting-Leiter achten

Das Motto heißt stets: fragen statt sagen! Wenn Sie als Leitender die entsprechenden Fragen stellen, werden Ihre Mitarbeiter im Meeting selbst auf Lösungen kommen. Geht es dann um die Umsetzung der gefundenen Lösungen, werden Ihre Mitarbeiter sehr viel motivierter handeln, wenn es sich um ihre eigenen Ideen handelt. Auch sollte der Leiter eines Meetings niemals versuchen, gegen die Gruppe anzukämpfen.

Finden Ihre Vorschläge keinen Anklang, sollten Sie wiederum Fragen stellen, z. B.: Mit welcher Maßnahme erreichen wir unser Ziel? Störungen im Klima des Teams müssen wahrgenommen und bearbeitet werden und haben von daher absoluten Vorrang vor dem eigentlichen Sachthema. Denn solange sich die

> **Infobox**
>
> Trennen Sie Informationen von Vermutungen und Gerüchten.

Teammitglieder untereinander nicht verstehen, werden Sie mit dem Sachthema auch nicht weiterkommen.

In diesem Zusammenhang muss auch zwischen den Begriffen Wahrnehmung, Vermutung und Bewertung unterschieden werden. Legen Sie deshalb zunächst eine grundsätzliche Reihenfolge fest: Beschreibung vor Bewertung. Fragen Sie die Teilnehmer, ob es sich um eine eigene Wahrnehmung, um die Wahrnehmung eines Kollegen oder um eine Vermutung handelt. Steuern Sie Ihre Mitarbeiter so, dass die Bewertung von Sachverhalten erst nach einer genauen Beschreibung erfolgt.

Beteiligen Sie alle Teilnehmer am Lösungsprozess. Bremsen Sie die Übereifrigen und aktivieren Sie die Stillen. Beachten Sie auch insbesondere die nonverbalen Signale (Mimik, Gestik). Bemerken Sie, dass die Besprechungsteilnehmer Einwände oder Fragen haben, sprechen Sie dies offen an. Wer so etwas ignoriert, muss mit Widerstand bei der Umsetzung einer Lösung bei den Teilnehmern rechnen.

> **Infobox**
>
> Zu den Aufgaben eines Moderators gehört es auch, die Spannungen innerhalb eines Teams abzubauen, damit sich die Teilnehmer auf die Sachinhalte konzentrieren können.

2.2 Teilnehmerkreis

Die Ansprüche, die an einen Moderator gestellt werden, sind bekanntlich recht differenziert. Es ist deshalb
zweckmäßig, wenn Sie die Erwartungen der Teilnehmer
frühzeitig herausfinden und diese dann natürlich in
Ihrer Darbietung entsprechend berücksichtigen. Die
Konferenzteilnehmer wägen nämlich sehr gut ab, ob
sich die Zeit für das Zuhören auch wirklich gelohnt hat.

Fragenkatalog, die Teilnehmer betreffend
● Wie setzt sich der Teilnehmerkreis zusammen?
● Welche Grundkenntnisse sind zu erwarten?
● Wie ist der Ist- und wie der Soll-Zustand?
● Wie ist die Einstellung zum zu erarbeitenden Thema?

- Wie könnte die Einstellung zum Moderator sein?
- Welches sind die speziellen Interessen?
- Mit welchen Schwierigkeiten kann bzw. muss gerechnet werden?
- Welche Hauptprobleme haben die Auftraggeber/die Teilnehmer?
- Wie können die Teilnehmer das Gebotene in die Praxis umsetzen?
- Sind die Teilnehmer eher emotional oder mehr sachlich orientiert?
- Welche spezifischen Wünsche könnten vorgebracht werden?
- Sind Spezialisten anwesend?
- Welche Haupteinwände können auftauchen?
- Werden Sie mit Ihrem Thema auf Sympathie oder Antipathie stoßen?
- Bei gemischten Gruppen: Sind bestimmte Berufsgruppen stärker vertreten?

Das sind nur einige der Fragen, die jedem Moderator vor der Ausarbeitung durch den Kopf gehen sollten. Notieren Sie sich noch weitere Fragen, die für Sie speziell wichtig sind. Danach beginnen Sie Ihre Struktur zu gestalten. Siedeln Sie das zu erarbeitende Thema zu tief oder zu hoch an, verursachen Sie damit nur einen Kommunikationsverlust bei der Übermittlung. Das ist nicht Sinn und Sache einer Konferenz, weil dadurch Zeit und Arbeit verloren geht.

Um eine gewisse Selbstkontrolle bei der Planung und Konzeption einer Veranstaltung zu erreichen, ist es entscheidend, sich Klarheit darüber zu verschaffen, wer die angestrebte Zielgruppe ist und welche Erwartungen diese hat. Aus der Antwort auf diese Frage ergibt sich dann im Wesentlichen auch der Akzent, den die Veranstaltung haben soll. Stellen Sie sich in diesem Zusammenhang auch folgende Frage: Soll es sich in der Hauptsache um eine Arbeitstagung handeln, bei der der Schwerpunkt auf der Vermittlung von Informationen liegt?

> **Infobox**
>
> **Der Akzent sollte auf einem themenorientierten gegenseitigen Austausch liegen.**

Die Teilnehmererwartungen
Betreffend der Organisation:

- genügend Zeit, damit die Teilnehmer Daten und Fakten notieren können
- entsprechende Trinkpausen
- entsprechende Zigarettenpausen
- gute Sitz- und Schreibmöglichkeiten
- richtige Temperierung des Raumes
- Störungsfreiheit

Betreffend der Form:

- kurze Sätze
- sachliche, fachliche Darstellung

42

- wenn möglich Verwendung von Visualisierungstechniken
- in Inhalt und Form Zuhörer bezogen

Betreffend der Vortragsweise:
- interessante Darstellungsweise
- Glaubwürdigkeit
- sympathische Ausstrahlung
- keine Überheblichkeit
- etwas Humor und Schlagfertigkeit
- Menschlichkeit und Natürlichkeit

2.3 Veranstaltungsdauer

Der Erfolg einer Konferenz hängt wesentlich von der Fähigkeit der Referenten ab, die Teilnehmer durch die Art ihrer Moderation und Wissensvermittlung zu fesseln. Es ist deshalb ratsam, bei der Auswahl der Referenten sehr kritisch zu sein und wenn es irgendwie möglich ist, auch Kompromisse zu machen. Eine Selbstverständlichkeit sollte sein, dass der ins Auge gefasste Moderator auch von der Sache her wirklich qualifiziert für das Thema ist.

Die Dauer eines Vortrages sollte begrenzt sein. Einzelreferate von längerer Dauer (mehr als 30 Minuten) werden nur von wenigen Zuhörern voll und bewusst aufgenommen. Sorgen Sie daher für genügend Pausen und lassen Sie Zwischenfragen zu.

Nach eineinhalb bis spätestens zwei Stunden Veranstaltung ist es in der Regel Zeit für eine Pause, in der die Teilnehmer sich die Beine vertreten und etwas trinken können. Wenn Sie auf Unterbrechungen verzichten, führt dies im weiteren Verlauf der Veranstaltung nur zu erhöhter Unaufmerksamkeit und latenter Unruhe unter den Teilnehmern. Sorgen Sie insbesondere für wechselnde Arbeitsmethoden (Arbeitsgruppen, Experten-Hearings, Brainstorming etc.), so lockern Sie die Veranstaltung auf.

Sorgen Sie als Moderator insbesondere für eine straffe Gesprächsführung. Aktivieren Sie hierzu auch möglichst alle Teilnehmer, damit sie die unvermeidlichen Dauerredner stoppen. Nehmen Sie vor allem Schärfen aus der Diskussion heraus. Achten Sie darauf, dass die Zwischen- und Endergebnisse noch einmal zusammengefasst werden.

> **Infobox**
>
> Machen Sie keine Kompromisse bei der kommunikativen Wissensvermittlung.

2.4 Termin- und Zeitplanung

Bei Dialog-Gesprächen (One-to-One-Gesprächen) kann der zeitliche Rahmen enorm schwanken, vor allem bei unerwarteten Gesprächen ohne Vorbereitung. Deshalb sind vorbereitete Treffen mit Terminvereinbarung besser kalkulierbar. Die Gesprächsdauer kann offen sein oder vorher terminiert werden. Bei Informationsgesprächen gilt: Anlass bezogen können kurze Besprechungen durchgeführt werden, regelmäßig stattfindende Meetings haben hingegen die Tendenz zur Länge. In dringenden Fällen kann die Vorbereitungsphase für die Besprechung kurz sein, in der Regel sollte jedoch mehr Zeit investiert werden.

Bei Team übergreifenden Besprechungen gilt: Dringende Meetings können kurzfristig einberufen werden, notfalls reicht ein Vorlauf von wenigen Stunden oder Tagen. Regelmäßige Besprechungen im größeren Kreis benötigen dagegen eine Vorlaufzeit von mindestens zwei Wochen bis zu zwei Monaten. Geht es um die Vorbereitung von Vorträgen und Präsentationen, benötigt diese erfahrungsgemäß – insbesondere bei schwierigen Präsentationen – etwa einen Monat. Manche Vorträge entstehen aber auch unter Druck am Tag davor und sind daher selten gut.

Die Vorbereitungszeit für Seminare umfasst erfahrungsgemäß mindestens vier bis sechs Wochen, für einen Workshop hingegen müssen nur zwei bis drei Wochen eingeplant werden. Größere Konferenzen und Tagungen müssen etwa ein Jahr im Voraus geplant und vorbereitet werden, mindestens jedoch drei bis vier Monate vor Beginn der Veranstaltung.

2.5 Ort und Räumlichkeiten

Die erforderliche Größe der Veranstaltungsräume richtet sich nach der geschätzten Personenzahl. Neben einem ausreichend großen Raum für größere Sitzungen sind in der Regel auch mehrere kleinere Räume für Arbeitsgruppen erforderlich. Orientieren Sie sich bei der Auswahl der Räumlichkeiten wie bei allen sonstigen Entscheidungen an der Art der Veranstaltung und dem Teilnehmerkreis.

Wenn es finanzierbar ist, sollten Sie die Räumlichkeiten nicht nur für die reine Veranstaltungsdauer, sondern noch für einen halben Tag vorher und nachher mieten. Wenn die Räume nämlich bis zur letzten Minute von anderer Seite in Anspruch genommen werden, besteht die Gefahr, dass Sie mit dem Einbau der Einrichtungen etc. nicht rechtzeitig fertig werden. Die Sitzanordnung hingegen lässt sich mit folgenden Fragen prüfen:

- Können alle Teilnehmer problemlos untereinander Blickkontakt halten?
- Ist die Entfernung zwischen den beiden äußeren Punkten der Sitzanordnung so, dass sich die Teilnehmer noch gut verständigen können?
- Sind die Referenten von allen Plätzen gut sichtbar?
- Ist die Projektionsfläche von allen Plätzen gut zu sehen?

Achten Sie bei der Wahl der Räumlichkeiten darauf, dass diese innerhalb des Gebäudes leicht zu finden sind.

Je nach Arbeitssituation sollten sich die Räume ggf. schnell umbauen und die Sitzordnung verändern lassen können. Auch eine vernünftige Ausschilderung sollte für eine problemlose Orientierung sorgen. Markieren Sie hierzu die Arbeitsräume und machen Sie zentrale Punkte wie beispielsweise den Infotisch kenntlich.

Ein zentraler Punkt zur Information der Teilnehmer, sei es ein Tagungsbüro oder ein Infotisch, sollte vor Beginn der Veranstaltung bis mindestens eine Stunde nach deren Ende jederzeit besetzt sein. Oft ist es auch günstig, am Infotisch eine Infotafel anzubringen, auf der die Teilnehmer für andere Veranstaltungsteilnehmer Nachrichten hinterlassen können. Ein wesentlicher Bestandteil jeder Tagung sind die informellen Gespräche zwischendurch. Tagungen und Kongresse sind gesuchte Gelegenheiten, neue Kontakte zu knüpfen. Hierfür sollten geeignete Möglichkeiten (Ruhezonen) vorhanden sein.

Verhandlungen zum Ortstermin
Haben Sie sich nach einem Ortstermin für ein Angebot entschieden, vereinbaren Sie mit dem Tagungshaus die folgenden Punkte:

- die Zahl der Teilnehmer;
- in welchen Räumen welche Veranstaltungen stattfinden;
- welche Form der Sitzanordnung in welchem Seminarraum vorgesehen ist;
- welche technischen Hilfsmittel in welchen Räumen vorhanden sein müssen;
- die genauen Zeitabläufe an jedem Veranstaltungstag;
- zu welchen Zeiten die Pausen sind, wann gegessen wird;
- wann und wie Getränke eingenommen werden sollen;
- welche Getränke und kleine Imbiss-Unterbrechungen vorgesehen sind.

Lassen Sie sich hierzu einen Ansprechpartner innerhalb des Tagungshauses nennen, an den Sie sich wenden können. Wenn Sie während der Tagung täglich mit den Verantwortlichen des Tagungshauses sprechen, können Sie auftretende Ungereimtheiten sofort ansprechen und Mängel beseitigen.

Lassen Sie sich insbesondere das mündlich Vereinbarte schriftlich geben bzw. formulieren Sie es selbst und lassen Sie es sich vom Tagungshaus bestätigen. Das erspart Ärger und vor allen Dingen Kosten. Denn es kann teuer und zeitaufwändig werden, wenn Sie mühsam nachverhandeln müssen.

2.6 Budget

Effiziente Kommunikation im Unternehmen kostet selbstverständlich Geld, ungenügende Kommunikation hingegen ein Vielfaches mehr. Ohne aktives „Mitziehen" der Mitarbeiter und die Einbindung ihrer Ideen und Vorschläge in betriebliche Entscheidungen stehen die Unternehmen auf verlorenem Posten. Wenn die weichen Faktoren – das Können, die Motivation und die Bindung der Belegschaft an „ihre Firma" – stimmen, sind meist auch die harten Zahlen in Ordnung.

Moderne Unternehmer erkennen, dass ohne ein effizientes Management der weichen Themen, vor allem der Kommunikation mit den Mitarbeitern und Führungskräften, die Zukunft des Unternehmens auf dem Spiel steht. Andererseits werden ineffiziente Kommuikationsabläufe als Faktoren für Ausgaben unterschätzt, da sie vermeintlich nichts „kosten". Doch das ist ein gefährlicher Irrtum. So manche Zeit und manches Geld wird verschwendet, wenn Mitarbeiter unwirksam kommunizieren, weil sie die Geschäftsziele nicht kennen und lediglich vor sich „hinwursteln".

Oder anders ausgedrückt: Es ist teurer, ein Projekt vollständig auszuarbeiten und dann nicht umzusetzen, als schon vor Beginn der Organisation festzustellen, dass ein Vorhaben scheitern wird. Vor diesen Überlegungen relativieren sich die Kosten für die interne Kommunikation. Denn Investitionen für Meetings und Konferenzen müssen immer im Vergleich zu den Kosten des Scheiterns von Veränderungen im Betrieb gesehen werden.

Daher gilt bei den einzelnen Kommunikationsformen: Bei Dialogen (One-to-One-Gesprächen) muss immer die Arbeitszeit zur Vorbereitung des Gesprächs und ggf. der Unterlagen mit einbezogen werden. Denken Sie daran, dass die Dauer des Gesprächs auch bedeutet, dass in dieser Zeit beide Partner keine anderen Tätigkeiten erledigen.

> **Infobox**
>
> „Zeit ist Geld": Das trifft besonders dann zu, wenn wertvolle Arbeitszeit mit unnötigen Besprechungen vergeudet wird.

Bei Team übergreifenden Besprechungen gilt: Teilnehmer, die eigentlich nichts auf dem Meeting zu suchen haben, verursachen nur zusätzliche Kosten, ohne zum Ergebnis beizutragen. Jede Minute, die die Besprechung kürzer wird, spart Kosten.

Bei Workshops und Seminaren sind die Arbeits- und Ausfallzeiten der Teilnehmer und Veranstalter inklusive Vor- und Nachbereitung einzubeziehen. Externe Referenten und Moderatoren haben Honorarsätze, die eingeplant werden müssen.

Prüfen Sie insbesondere bei Konferenzen, ob Sie angesichts der hohen zu erwartenden Kosten Ihre Ziele nicht durch eine andere Kommunikationsform erreichen können (z. B. durch mehrere dezentrale Meetings vor Ort anstelle einer zentralen Tagung, durch eine Vortragsreise der Geschäftsleitung zu ausgewählten Mitarbeitergruppen oder durch den Einsatz elektronischer Medien wie Videos oder Business-TV).

Grundsätzlich gilt: Informationsbesprechungen verursachen extrem hohe Kosten. Hier müssen die Arbeitsstunden für die Vorbereitung und Durchführung der Besprechung für das ganze Jahr hochgerechnet werden. Auch Reise- und Ausfallzeiten müssen einbezogen werden, falls die Teilnehmer an verschiedenen Standorten arbeiten.

2.7 Arbeitsmittel

Bei der Gestaltung der Veranstaltungsräume ist auf die technische Ausstattung zu achten. Es mag Veranstaltungen geben, bei denen es ausreicht, wenn Tische, Stühle und vielleicht noch eine Tafel vorhanden sind. Handelt es sich jedoch um Tagungen, Kongresse, Konferenzen oder Workshops, werden heute in der Regel Präsentations- und Visualisierungstechniken eingesetzt, um die Teilnehmer stärker zur Mitarbeit anzuregen, um Ergebnisse zu erarbeiten und festzuhalten sowie um

Infobox

> **Achten Sie schon bei der Wahl der Räumlichkeiten darauf, welche technischen Hilfsmittel dort einsetzbar oder bereits vorhanden sind.**

Entscheidungen zu beschleunigen. In diesem Zusammenhang müssen sich gut vorbereitete Moderatoren folgende Fragen stellen:

- Welche Übermittlungsinstrumente setze ich ein?
- Welche Präsentationstechniken sind für mein Thema besonders gut geeignet?
- Wie kann ich mich am besten verständlich machen?
- Wie muss ich psychologisch vorgehen?
- Welche neuen Erkenntnisse und Informationen muss ich vermitteln?
- Kann ich mich durch Visualisierung besser verständlich machen?
- Welches Anschauungsmaterial habe ich zur Verfügung?
- Welche Unterlagen, Skizzen und Diagramme kann ich mitbringen?
- Welche praktischen Erfahrungen kann ich an die Teilnehmer weitergeben?
- Welche Maßnahmen sind wichtig, damit die Erkenntnisse auch in die Praxis umgesetzt werden?
- Welche Wiederholungen sind wichtig?
- Welche weiteren Vorgehensweisen sind nötig?

Im Folgenden erhalten Sie eine kurze Übersicht über die Hilfsmittel und Medien, die heutzutage zur Grundausstattung zählen. Selbstverständlich wird nicht bei allen Konferenzen, Seminaren usw. jedes dieser Hilfsmittel gebraucht. Wann Sie welches Instrument benutzen, hängt ganz davon ab, was Sie wo und wem präsentieren wollen (vgl. auch S. 164ff.).

Moderationswände: Sie gibt es mit Karton- oder Kunststoffoberflächen wie auch mit Filzbespannung. Achten Sie darauf, dass die Wände standfest sind und sich im Hoch- wie auch im Querformat verwenden lassen. Außerdem sollten sie höhenverstellbar sein. Für den leichten Transport gibt es auch teilbare Ausführungen zum Zusammenklappen.

Flip-Chart: Die „Papierform" einer Schreibtafel sind die so genannten Flip-Charts. Es handelt sich dabei um beschichtete Metalltafeln, die mit Board-Markern beschreibbar sind. Üblicherweise werden allerdings große Flip-Chart-Papierbögen mit Filzstift beschriftet.

Projektionswand: Denken Sie daran, dass die einzelnen Medien unterschiedliche Abstände von der Projektionswand benötigen. Wenn die Projektionswand nicht beweglich ist, müssen die notwendigen Anschlüsse für Film-, Overhead-, Diaprojektor etc. deshalb in der entsprechenden Entfernung vorhanden sein.

Tafeln: Achten Sie darauf, dass die Tafeln groß genug sind, damit Wichtiges stehen bleiben kann und man sich häufiges Wischen erspart. Außerdem sollten Tafeln höhenverstellbar sein, damit immer die ideale Schreibhöhe und Lesbarkeit gegeben ist.

Weitere Hilfsgeräte: Dia-Projektor, Overheadprojektor, Film-Projektor, Video-Beamer, Video-Anlage, DVD-Player, CD-Player, PC/Notebook mit DVD-Laufwerk und Internetanschluss.

Computer-Präsentationen sind sowohl für kleine als auch für große Gruppen geeignet und wecken zielsicher die Aufmerksamkeit der Teilnehmer. Sie bieten die Möglichkeit, den Teilnehmern wichtige Bestandteile als Ausdruck mitzugeben; theoretische Grundgedanken und Zusammenhänge lassen sich anhand der Effekte sehr plastisch darstellen. Bei Nachfragen können Sie relativ einfach innerhalb der Projektpräsentation hin- und herspringen.

Klären Sie insbesondere im Vorfeld ab, ob ein Overheadprojektor im Vortragsraum zur Verfügung steht. Wenn Sie dann Ihren Foliensatz gegliedert bereithalten, können Sie die Projektpräsentation im Notfall ohne große Unterbrechung am Projektor fortsetzen. Falls Sie nicht auf dieses Medium zurückgreifen können, fahren Sie mit einem mündlichen Vortrag fort.

Sie sehen hier die Problematik der Botschaftsübermittlung. Die Kardinalfrage wird immer sein: Welche Wege müssen Sie als Modertor gehen, um das Endziel zu erreichen, welche Kommunikationsmittel und Medien setzen Sie hierzu ein?

Diese und noch weitere Fragen sind bei der Zielsetzung zu berücksichtigen und zu beantworten. Denn es kommt nicht nur darauf an, was man sagt, sondern auch darauf, wie man es sagt bzw. präsentiert. Halten Sie sich immer folgende Fragen vor Augen:

- Will ich nur das Ohr ansprechen?
- Will ich nur das Auge ansprechen?
- Will ich Ohr und Auge ansprechen?
- Will ich vornehmlich das Gefühl oder den Verstand ansprechen?
- Was muss ich bei der nonverbalen Sprache beachten?
- Welche Hilfsmittel setze ich hierbei ein?

Die Arbeitsräume von Tagungshäusern verfügen heute in der Regel zwar – natürlich abhängig von der Preiskategorie – über eine gewisse technische Grundausstattung. Das bedeutet aber noch lange nicht, dass Sie sich nicht darum kümmern müssen. Sie sollten für jeden Arbeitsraum festlegen, welche Geräte wie aufgebaut werden und wie das Mobiliar angeordnet wird.

Rechnen Sie immer mit dem Schlimmsten: Nehmen Sie lieber ein paar Ersatzteile zu viel als zu wenig mit. Und denken Sie auch an ausreichend Papier und Stifte, falls alle technischen Möglichkeiten versagen.

Es erleichtert die Arbeit, wenn die benötigten technischen Hilfsmittel und Medien während der Tagung im Seminarraum fest verbleiben können. Komplette Video-Anlagen, Computer oder Ähnliches durch das Haus zu fahren, ist nicht nur zeitaufwändig und lästig, sondern bietet auch alle Chancen für technische Pannen. Sorgen Sie auch dafür, dass für die verwendeten technischen Geräte auch ausreichend Ersatzteile und sonstige Verbrauchsmaterialien vorhanden sind. Zu denken ist dabei an Ersatzlampen, Sicherungen, an Verbindungskabel, an Schreib- und Folienstifte, CD-Rohlinge etc.

Die gesamte Verantwortung für die technische Ausstattung, den Auf- und Abbau und am besten auch die Bedienung, übernimmt sinnvoller Weise ein Mitarbeiter des Veranstaltungsteams, der im Notfall auch fähig ist, kleinere erforderliche Reparaturen selbst auszuführen.

Sparen Sie sich den Stress mit der Technik. Verpflichten Sie jemanden, der sich auskennt!

2.8 Probedurchläufe

Nachdem Sie die Zielerfüllungskriterien nacheinander durchgesprochen haben, fassen Sie die Ziele nochmals zusammen und spielen Sie durch, ob Sie diese Ziele auch erreichen können. Stellen Sie sich hierzu folgende Fragen:

- Sind die Ziele klar und realistisch?
- Bis wann und mit welchem Aufwand sollen sie erreicht werden? Gibt es Spielraum für Änderungen?
- Sind die Termine realistisch und reichen auch die finanziellen Mittel?
- Wer muss informiert werden? Gibt es Kollisionen mit anderen Abteilungen? Erhalten alle die richtigen Informationen?
- Wann werden erste Teilergebnisse benötigt? Mit welchen Methoden und Maßstäben werden diese Teilziele überprüft? Werden die Pläne dem aktuellen Stand angepasst?
- Kann das Projektziel überhaupt noch erreicht werden? Lohnt sich das Projekt noch? Welchen Stellenwert haben die Ziele?
- Wurden die bisher gesteckten Ziele erreicht? Wo gab es Schwierigkeiten?
- Was kann in Zukunft verbessert werden, damit die Ziele in der gewünschten Zeit und mit dem geplanten Aufwand erreicht werden?

Auf einen Blick

→ Analysieren Sie den Teilnehmerkreis: Anzahl,
Erwartungen, Vorkenntnisse der Teilnehmer.

→ Welche Vorbereitungszeit ist für die gewählte
Veranstaltungsart notwendig?

→ Achten Sie darauf, dass die Veranstaltungsräume für alle Teilnehmer leicht erreichbar
sind und die benötigte technische Ausrüstung
dort vorhanden oder zumindest problemlos
installierbar ist.

→ Besichtigen Sie die Räumlichkeiten, bevor Sie
verbindlich buchen.

3. Veranstaltungsdurchführung

Konferenzen sind notwendig, um über aufgetretene Problemfelder gemeinsam zu diskutieren. In regelmäßigen Abständen oder aus aktuellem Anlass werden solche Veranstaltungen durchgeführt, um die eingeschlagenen Geschäftsstrategien sowie Orientierungsmarken in Form von konkreten Zielen zu vereinbaren. Die Art und Weise, wie diese Veranstaltungen ablaufen, ist ein sichtbarer Ausdruck der Unternehmenskultur. Sie haben eine große, symbolische Wirkung.

> **Infobox**
>
> **Konferenzen sind immer auch ein Stück Unternehmensrepräsentation. Auch aus diesem Grund ist es wichtig, dass die Konferenz gut organisiert und durchgeführt wird.**

Doch anstatt am Ende einer Konferenz zu einem messbaren Ergebnis zu kommen, arten die meisten in Monologe, in Machtspiele oder gar in Schuldzuweisungen aus. Insbesondere deshalb, weil Konferenzen und Meetings kostenintensive Veranstaltungen sind, laufen sie Gefahr, mit Informationen überfrachtet zu werden. Man will sie bestmöglich nutzen und mindert dadurch ihre Wirkung. Es gilt, wie so oft: Weniger wäre dagegen mehr gewesen.

Auch die Dramaturgie ist oft ungeschickt gewählt, wenn die Höhepunkte der Veranstaltung bereits zur Eröffnung präsentiert werden. Die Tagesordnungspunkte danach haben dann meist keine Chance mehr, da die Aufmerksamkeit sinkt. Auch missglückte Vorträge, unbedachte Bemerkungen oder nicht beantwortete Fragen kosten Glaubwürdigkeit und Wertschätzung. Der eine schwafelt ohne konkrete Aussage, der andere beißt sich in seiner Argumentation fest, wieder andere schweigen und schalten irgendwann ab. Stattdessen aber erfordert das Konferenz-Management ein hohes Maß an Informationsaustausch, Kommunikation und Kontrolle. Im Klartext: An der Spitze haben nicht die „Macher", sondern vielmehr die „Entscheider" und „Veranlasser" ihren Platz.

3.1 Aufgaben des Moderators

Insbesondere der Diskussionsführer einer Veranstaltung muss ganz deutlich die Zeit bemessen und alle Anwesenden immer wieder darauf festnageln. Die einzelnen Teilstücke einer Konferenz sollten nicht länger als 90 Minuten dauern, wobei eine Stunde als ideal betrachtet wird, da bereits schon nach 45 Minuten die Konzentration nachlässt. Hier heißt es für den Moderator also immer: konkret nachfragen; je schwammiger die Aussagen, desto mehr nachbohren. Hilft das alles nichts, kann der Diskussionsführer getrost dem Redenden mit einem Hinweis auf die fortschreitende Zeit das

Wort entziehen. Der Anteil einer Konferenzzeit gegenüber der täglichen Arbeitszeit ist dabei umso höher, je höher der Rang im Management ist.

Anhand eines Terminkalenders kann jede Führungskraft prüfen, wie oft sie wie lange Zeit in Besprechungen und Konferenzen verbringen muss. Eine Konferenz ist somit auch immer eine Kostenfrage, die besonders dann ins Budget geht, wenn sich am Ende nur ihre Nutzlosigkeit herausstellt.

> **Infobox**
>
> Konferenzen und Meetings können sehr kostenaufwändig sein – dementsprechend sollte es aber auch mit dem Gegenwert aussehen.

Denn nur in den wenigsten Fällen zeigen sich Konferenzteilnehmer mit den Ergebnissen auch zufrieden. Ein Großteil der angesetzten Konferenzen ließe sich somit ohne große Schwierigkeiten einsparen. Denn Konferenzen sollten keinesfalls als Prestigeangelegenheit oder als Legitimation für die Abwesenheit vom Arbeitsplatz verstanden werden. Jedes Thema einer Konferenz oder einer Besprechung sollte ein

> **Infobox**
>
> Konferenzen sollten nur dann anberaumt werden, wenn konkrete Ziele damit erreicht werden sollen und können.

Teilziel auf dem Weg zu einem sinnvollen Gesamtziel darstellen. Von daher müssen alle Tagesordnungspunkte stets auch konsequent durch Tagesordnungsziele ersetzt werden. Jeder Einzelne muss genau wissen, was er mit den anderen während der Konferenz erreichen möchte.

Wie man keine Zeit verschwendet
Hierbei sollte dann auch darauf geachtet werden, dass dieses Ziel realistisch in der zur Verfügung stehenden Zeit erreichbar ist. Weiterhin muss man sich die Frage stellen: Ist die Konferenz auch wirklich notwendig? Das sollte der Einladende genau prüfen. Denn wenn es nur darum geht, Informationen weiterzugeben, finden sich auch andere Lösungen. Man kann beispielsweise auch das Wichtigste zusammentragen und schriftlich an alle weitergeben.

Weiter sollte man sich auch darüber Gedanken machen, ob hierzu auch alle eingeladenen Personen erforderlich sind. Eingeladen werden sollten nämlich nur diejenigen Personen, die auch aus erster Hand Informationen und Erfahrungen beisteuern können. Hierzu sollte allen Teilnehmern bereits vorher bekannt sein, welche Teilziele erreicht werden sollen, damit sie sich hierauf besonders gründlich vorbereiten können. Wichtig in diesem Zusammenhang sind auch die technischen Hilfsmittel zur Zielerreichung (z. B. Folien, Charts oder Bildschirmpräsentationen).

Allerdings sollten nicht nur Visualisierungsmöglichkeiten vorhanden sein, auch die Kreativität der Mitarbeiter muss aktiviert werden. Hierzu eignen sich nicht nur die Pinnwand oder Tafeln, sondern auch besondere Kreativitätsmethoden wie z. B. das Brainstorming. Schon allein durch die Beachtung dieser aufgeführten Punkte können erfahrungsgemäß Dauer, Ergiebigkeit und somit insbesondere die Kosten einer Konferenz erheblich optimiert werden.

Auch sollte ein Augenmerk darauf gelegt werden, dass alle Ziele in der vorgegebenen Zeit erreicht werden können. Hierzu gehört z. B., dass allen Teilnehmern auch rechtzeitig alle Unterlagen zugeschickt werden, mithilfe derer sie sich auf die Arbeitsziele vorbereiten können. Grundsätzlich sollte jedes Konferenzthema durch einen erfahrenen Moderator begleitet werden, der zudem alle Vollmachten besitzt, zu einem Thema hinzulenken, Abschweifungen und zu lange Ausführungen zu stoppen und destruktive Beiträge zu unterbinden. Seine weitere Aufgabe muss es sein, Schweiger zu ermuntern und wortreiche Redner zu zügeln.

Diese Mischung aus Impulse in entgegengesetzte Richtungen zu geben, Spielregeln zu setzen und ebenso unerschrocken wie ermutigende und Anteil nehmende Präsenz und Zurückhaltung zugleich zeigen zu können, ist der besonders anspruchsvolle und professionelle Teil dieser Kunst.

Pünktliche Realisierung der getroffenen Maßnahmen
Das wichtigste Arbeitsziel sollte stets am Anfang der Skala stehen, zudem sind in Bezug auf die Effizienz auch genügend Pausen einzuplanen. Dagegen gehören Themen mit der Erfordernis zum „open end" in spezielle Nachmittagskonferenzen. Das Ergebnis sollte letztendlich bestimmt werden durch eine pünktliche Realisierung der getroffenen Maßnahmen, insbesondere deren Anmahnung und Kontrolle.

Was den Konferenzteilnehmern hingegen am häufigsten auf die Nerven geht, sind Disziplinlosigkeit sowie Ziellosigkeit, d. h. Durcheinanderreden, oberflächliches Driften von Thema zu Thema sowie Abschweifungen. Weitere Kritikpunkte sind all zu lange Monologe, insbesondere durch Chefs und Wichtigtuer, eine mangelhafte Konferenzführung, Machtspiele sowie vorgefasste Meinungen. Damit hängt die Unfähigkeit zusammen, aktiv zuzuhören. Zudem herrscht eine destruktive Kommunikation, d. h. fortwährend kommt es zu Schuldzuweisungen, Herabsetzungen und Ignoranz gegenüber anderen Argumenten.

Die meisten dieser Mängel lassen sich jedoch durch eine gute Moderation vermeiden. Dies verlangt jedoch von jedem Moderator Autorität und Erfahrung, sodass – je nach Größe eines Unternehmens – durchaus auch einmal mehrere Führungskräfte daran beteiligt werden sollten. Geben nämlich diese Personen ihr Wissen konsequent weiter, lassen sich auch die Kosten dafür leicht aus den erzielbaren Ergebnissen finanzieren. Bevor also die Beschlüsse in die Tat umgesetzt werden, sollte jedem Teilnehmer ein Fragebogen am Ende der Konferenz übergeben werden. Damit sollte dann erfragt werden, wie der jeweilige Teilnehmer mit dem Ergebnis zufrieden war, insbesondere welche Verbesserungen er noch vorschlagen möchte. Damit erhält der Moderator viele übereinstimmende Vorschläge, die dann schließlich in die Tat umgesetzt werden können.

Auf einen Blick

→ Kosten müssen im Rahmen eines professionellen Projektmanagements exakt ermittelt werden. Sie hängen von der Art und Weise der Veranstaltung und vom Teilnehmerkreis ab.

→ Größere Konferenzen und Tagungen müssen etwa ein Jahr im Voraus vorbereitet werden, mindestens jedoch drei bis vier Monate zuvor.

→ Umfragen mithilfe von Fragebögen geben eine allgemeine Einschätzung der Tagung und ihrer Ergebnisse.

→ Über Mitarbeiterbefragungen kann die Veränderung des Informationsstandards vor und nach der Tagung gemessen werden.

3.2 Moderationstechniken und -regeln

Moderation ist die Antwort auf die Wünsche nach Teamarbeit und aktiver Beteiligung aller Gesprächsteilnehmer bei Entscheidungsprozessen. Bei früheren Gesprächsstrukturen gab es immer einen Leiter, der alles besser wusste als die anderen. Die Weisungen dieser Führungsperson wurden jedoch immer wieder nur halbherzig umgesetzt. Der geschulte Moderator sieht hingegen seine Aufgabe darin, der Gruppe zu helfen, sich selbst zu verstehen, ihre eigenen Ziele und Wünsche zu formulieren, Lösungen zu erarbeiten und die Umsetzung sicherzustellen.

Der Moderationsprozess selbst verlangt Intuition und Einfühlungsvermögen. Die Teilnehmer werden bei einer Moderation in die Lage versetzt, sich ihren roten Faden selbst zu spinnen. Während einer Moderation wird ein Bogen gespannt vom Zusammenführen der Gruppe über die gemeinsame Problemverständigung, die Problembearbeitung bis hin zur Erstellung eines Handlungskonzeptes.

Entwickeln Sie deshalb Checklisten für Ihren Arbeitsablauf, die Sie dann – je nach Fortschritt der Arbeit – Punkt für Punkt abhaken können. Lesen Sie, wann immer es Ihre Zeit erlaubt, Zeitungen, Illustrierte, Bücher, Arbeitsblätter, Zitatensammlungen, technische Informationen und anderer Leute Gedankengänge, um Initialzündungen und Anregungen für die verschiedensten Bereiche zu erhalten. Alle Ihre vorbereitenden Sammlungen von Ideen, Geistesblitzen, Beispielen aus der Praxis, zum Thema gehörenden Ereignissen und Erlebnissen müssen Sie von Zeit zu Zeit auf ihre Aktualität hin überprüfen.

> **Infobox**
>
> Verteilen Sie Hand-outs mit den wichtigsten Informationen an alle Teilnehmer.

Transparente und Folien ersparen Ihnen manchmal viele erklärende Ausführungen und verschaffen eine bessere, weil visuelle Übersicht und Verständlichkeit. Haben Sie zu viel Stoff zum Thema parat, müssen Sie eine Auswahl treffen, sonst werden die Teilnehmer durch die Flut von Informationen erdrückt. Und das dürfte wohl kaum Sinn der Sache sein.

Präsentieren Sie insbesondere Fakten – sie sind die Säulen einer Konferenz. Überzeugende Moderatoren begründen und belegen ihre Argumente. Sie übersetzen, wenn nötig, Fachvokabular in Alltagssprache und wählen ihre Beispiele aus dem Erfahrungsbereich des Publikums. Achten Sie insbesondere darauf, dass Sie die Tatsachen, Zahlen oder Beweise wirkungsvoll vorführen. Die Fakten müssen die Sinne ansprechen, die Vorstellung reizen. Wenn Sie nüchterne Tatsachen in Bilder umsetzen, wird ihre Wirkung gesteigert. Wenn Sie sie nur „herunterleiern", wird kaum einer sie behalten.

Nicht abstrakte Begriffe, sondern bildhafte Schilderungen unterstreichen Ihre Gedanken und Argumente. Verwenden Sie Beispiele. Führen Sie den Teilnehmern Ihr Anliegen vor Augen. Sagen Sie den Teilnehmern, was Sie als Ergebnis der Besprechung erwarten. Geben Sie Ihren Gesprächspartnern die Möglichkeit, ihre Erwartungen zu formulieren. Sammeln Sie die Ideen der Teilnehmer und versuchen Sie, sie zu gewichten und zu strukturieren: Welche Punkte sollten wann bearbeitet werden?

Wenn Sie die sofort zu bearbeitenden Punkte herausgefiltert haben, diskutieren Sie diese gemeinsam. In diesem Zusammenhang ist es immer nützlich, wenn Sie den Lösungsweg visualisieren. Fassen Sie vor der Gruppe die gewonnenen Ergebnisse zusammen und halten Sie deutliche Widersprüche und Kommentare schriftlich fest.

> **Infobox**
>
> **Wenn Sie gemeinsam einen Aktionsplan erstellen, vermeiden Sie, dass die Besprechungsarbeit fruchtlos bleibt.**

Die Produktion von Einfällen

Die heutige Zeit erfordert von jedem von uns Zeitersparnis, Geldersparnis, Rationalisierung sowie neue

Ideen und geistige Produktivität. Der Bestand und die Konkurrenzfähigkeit eines Unternehmens hängen nicht allein von seiner technischen Ausrüstung, Produktionskapazität, Finanzkraft und ähnlichen Faktoren ab. Hinzu kommen auch: Ideenreichtum und die Kreativität der Mitarbeiter. Ideengewinnung setzt die Kombination von drei Bedingungen voraus: Intellekt, Gefühl, Arbeits- und Forschungsklima.

Amerikanische Unternehmen führen sogar so genannte Ideenbücher, in die Folgendes eingetragen wird: bei der Arbeit auftauchende Anregungen, Hinweise und Vorstellungen. Die Erfahrung zeigt, dass in oft nur vagen Anregungen höchst wertvolle Ideen verborgen sein können. Die Realisation dieser Ideen kommt oft völlig unvermutet, mitunter sogar bei völlig anderen Gelegenheiten als gedacht.

Eine andere Methode der Ideenfindung könnte man die „Checkliste für neue Ideen" nennen. Um die schöpferische Phantasie anzuregen, verwendet man eine Abhakliste mit folgenden Fragen:

- Wie und was kann man vereinfachen?
- Was kann geändert werden?
- Mit welchen Erfolgen?
- Was passiert, wenn zwei scheinbar unverträgliche Elemente kombiniert werden?

Das Grundprinzip für die Ideengewinnung lässt sich auf eine einfache Formel bringen: zunächst produzieren, erst später kritisch urteilen. Durch dieses Prinzip des verzögerten Urteils wird ein vorzeitiges kritisches Urteil, das eine blockierende Wirkung haben kann, vermieden. Formel: Ideengewinnung, Lösungsvorschläge, danach Sichtung und Bewertung.

Die Durchführung einer Blitzideenkonferenz (Brainstorming)

- Problem oder Ziel klar definieren und erläutern
- Zusammentreffen in einer gemütlichen Atmosphäre
- Die Zeit muss begrenzt sein.
- Nehmen Sie auch Teilnehmer aus anderen Kreisen hinzu.
- Die Ideen müssen notiert werden.
- Jede Idee soll in kurzen Sätzen (Telegrammstil) vorgetragen werden.
- Bereits geäußerte Ideen werden mit neuen, verbesserten Ideen verarbeitet.
- Oft wirkt sich die Anwesenheit eines Vorgesetzten hemmend aus.
- Der Konferenzleiter soll anspornen, begeistern und ermuntern.
- Die Auswertung erfolgt am nächsten Tag durch zwei bis fünf Personen.
- Die Teilnehmer informieren, welche Ideen akzeptiert worden sind.

Blitzideenkonferenzen sind somit ein hervorragendes Hilfsmittel bei der Ideengewinnung und bei der Lösung von Problemen.

Wie können Botschaften vermittelt werden?
Um Moderationsinhalte überzeugend aufzubereiten, haben sich aus langjähriger Erfahrung vier Dimensionen der Verständlichkeit herauskristallisiert. Bei jedem Moderationsteil muss die Aufmerksamkeit der Teilnehmer neu erworben werden. Berücksichtigen Sie darum die vier Dimensionen bei der Moderationserstellung:

Dimension 1: Einfachheit
Verständliches Deutsch verwenden; Fremdwörter vermeiden; Kurzsätze mit wirksamen Verben formulieren; Themenbereiche mit Begriffen kennzeichnen; schreiben wie man spricht; Überforderung der Teilnehmer vermeiden; keine Überschätzung des Wissensstandes; keine Unterforderung der Intelligenz; keine Vollständigkeit anstreben, sondern wichtige Punkte getrennt abhandeln und in einen Zusammenhang stellen; die Anschaulichkeit von „Bildern" nutzen; im Fachbereich übliche Symbole verwenden; die Faszination bildreicher Aussagen mit ihrer ganzen Subjektivität einsetzen.

Dimension 2: Gliederung und Ordnung
Orientierungshilfe geben: Der Zuhörer muss jederzeit wissen, an welcher Stelle der Moderation er sich befin-

71

det; zu jedem neuen Punkt eine Orientierungsphase einbauen, damit die volle Aufmerksamkeit wieder gewonnen wird; Agenda zum Moderationsablauf verteilen; gedankliche Übersichten schaffen; Ziele, Ausblicke, Rückblicke, Zusammenfassungen geben; in Bereiche, Stufen, Phasen, Wege, Blöcke, Kapitel, Gruppen, Segmente, Teile und Aufgaben gliedern; unterteilen in Grob- und Feinziele, Haupt- und Nebenpunkte, Primär- und Sekundärprobleme; in logische Abläufe ordnen; komplizierte Zusammenhänge vereinfachen und gedanklich nachvollziehen lassen; nacheinander vorgestellte „Einzelbilder" zu einem Gesamtbild verschmelzen; keine Zerstückelung von Inhalten.

Dimension 3: Kürze und Prägnanz
Wenige Erklärungen geben, dafür viel Nutzen aufzeigen, Vorschläge machen; Gegenüberstellung von Pro und Contra, Vor- und Nachteilen, gut und schlecht, falsch und richtig, Empfehlung und Ablehnung; nicht nur positive, sondern auch negative Aspekte eines Vorschlags kritisch prüfen und von den Teilnehmern nachvollziehen lassen; Hypothesen aufstellen und begründen; Erkenntnisse schaffen; Empfehlungen anhand von Beweisen nachvollziehen lassen; nicht zu viele Erfolgserlebnisse schaffen; aus Textinhalten Grafiken entwickeln; komplizierte Vorgänge in grafische Denkmodelle umsetzen; schematische Übersichten schaffen; klassische grafische Darstellungen verwenden.

Dimension 4: Zusätzliche Stimulanzen

Mit Fragen Interesse wecken; Fragetechniken einsetzen; Fragen stellen und selbst beantworten; Vorschläge und Lösungen in Frage stellen und zur Eigenüberzeugung der Teilnehmer Punkt für Punkt beweisen; Motivieren durch Lob und Anerkennung; nicht nur Fakten bringen, sondern auch Gefühle ansprechen; psychologische Bedürfnisse befriedigen; bei nachlassender Aufmerksamkeit die Teilnehmer mit Zitaten neu fesseln; wirksame Schlusssätze formulieren; hinführen zur Diskussion, Aufforderung zur Handlung; appellieren an Mithilfe; Tipps zum weiteren Vorgehen geben; gemeinsame Vorsätze vereinbaren.

Wenn Sie diese vier Dimensionen der Verständlichkeit in Ihrer Vorbereitung berücksichtigt haben, werden Sie den Erfolg in Ihrer Moderation feststellen können.

Auf einen Blick

→ Thema der Tagung sorgfältig auswählen und vorbereiten: Was sind die Schlüsselbotschaften, die kommuniziert werden sollen?

→ Ablauf der Veranstaltung sorgfältig überprüfen nach den Kriterien Dramaturgie, Beteiligung, Zeitschema und Logistik.

→ Programm mit den wichtigsten Meinungsmachern im Unternehmen vorher besprechen.

→ Terminvereinbarungen mit den Referenten möglichst früh treffen: Auch sie wollen sich intensiv auf das Ereignis vorbereiten.

→ Setzen Sie verschiedene Medien zur Unterstützung der Aussagen ein und bieten sie unterschiedliche Kommunikationsformen.

→ Nur Vorträge zu hören ist langweilig. Videofilme, Gesprächsrunden, Podiumsdiskussionen, Gruppenarbeiten u. ä. bieten Abwechslung.

→ Dokumentieren Sie die Veranstaltung nicht nur mit Blick darauf, wie sie abgelaufen ist, sondern welche Vereinbarungen getroffen wurden.

→ Reichern Sie die Dokumentation ggf. mit zusätzlichen Informationen an. Sie muss einen Nutzwert für die Zukunft haben.

→ Halten Sie genau fest, welche Schritte in welcher Reihenfolge von wem unternommen werden sollen.

→ Nach der Tagung müssen die vereinbarten Maßnahmen pünktlich realisiert werden.

→ Werten Sie das Ergebnis der Tagung aus. Benutzen Sie dazu Fragebögen, die an die Teilnehmer verteilt werden.

3.3 Konfliktsteuerung

Der verantwortliche Moderator erhält durch Meldungen und Rückfragen die nötige Kenntnis der Zustände und Tatsachen innerhalb des Meetings, aber auch Beschwerden, Wünsche und Anregungen aus dem Kreise der Teilnehmer. Diese Informationen werden oftmals zur unerlässlichen Hilfe oder sogar zur Grundlage für Entscheidungen über die künftige Meetingpolitik.

Respekt durch Mut zur eigenen Meinung

Auch der Schritt in die Offensive ist wichtig, weil andere im Gegenzug auf Sie reagieren. Bitten Sie Ihre Zuhörer um ein Feedback. Je mehr aufrichtige Rückmeldungen Sie bekommen, desto besser können Sie die Realität einschätzen und desto differenzierter und erfolgreicher können Sie Ihre Wünsche letztlich umsetzen. Die Voraussetzung hierfür ist allerdings, dass Sie sich anderen mitteilen und sich von ihnen wahrnehmen lassen.

> **Infobox**
>
> Sie müssen dazu in der Lage sein, Kritik konstruktiv zu nutzen.

Natürlich kommt es immer wieder vor, dass Menschen Erfordernisse nicht respektieren und gegen gemeinsame Interessen handeln. Wenn Sie als Moderator allerdings mit Engagement bei der Sache sind, können Sie auch Ihrerseits nicht umhin, von Zeit zu Zeit auch andere zu kritisieren. Denn wann immer Menschen wichtige Anliegen nicht äußern, tritt Stillstand ein. Wenn Sie als Moderator aber das verfolgen, was Ihnen wichtig ist und gleichzeitig andere ernst nehmen, leisten Sie damit einen bedeutenden Beitrag zu einer motivierenden Gesamtatmosphäre.

Kritik ist von daher ein zentrales Korrektiv, d. h. ein selbstverständliches Mittel des zwischenmenschlichen Umgangs, das Beziehungen verbessert und Arbeitsprojekte fördert – also ein ausgleichendes Element auf der Basis von Kontakt und gegenseitiger Wertschätzung. Wenn Sie sich die Mühe machen, eine Kritik differenziert zu äußern, zeigen Sie damit, dass der andere Ihnen nicht gleichgültig ist. Kritik hat deshalb auch etwas mit Wertschätzung zu tun.

> **Infobox**
>
> **Nur wer Fehler zugibt, übernimmt auch wirklich Verantwortung und kann so zukünftige Irrtümer vermeiden!**

Negative Gefühle verändern sich, wenn man sie ausspricht und der andere die Kritik akzeptiert. In diesem Fall fühlt man sich verstanden, die Basis für eine positive Beziehung entsteht. Der Konflikt ist erledigt. Zwar kann man grundsätzlich nicht jede Unstimmigkeit ausräumen, aber es ist doch wesentlich häufiger möglich, als man denkt. Orientierungspunkt für ein Kritikgespräch ist von daher die Anliegenebene. Das heißt, Kritik sollte sich auf das beziehen, was für Sie oder die Sache wesentlich und langfristig bedeutsam ist.

Sprechen Sie von daher die Kritikpunkte so konkret wie möglich an („Mich stört, dass ...", „Mir ist aufgefallen ... und damit bin ich nicht einverstanden", „Mir passt es nicht, dass ..."). Begründen Sie Ihre Kritik, z. B.

- mit einer Ich-Botschaft: „Darüber ärgere ich mich sehr", „Das empfinde ich als ...", „Mir ist sehr wichtig, dass ..."
- mit einem Prinzip: „Ich weiß nicht, ob Sie das als besonders fair empfinden. Ich empfinde es nicht so."
- mit einer Konsequenz: „Ihr Verhalten hat zur Folge, dass ..."
- mit einer Vereinbarung: „Wir hatten uns kürzlich darauf verständigt, dass ..."

Stellen Sie insbesondere offene Fragen („Wie sehen Sie das?", „Was denken Sie darüber?"), hören Sie gut zu und setzen Sie sich weiter damit auseinander, indem Sie offen Rückmeldung geben. Fassen Sie vor allem das Gespräch zusammen und treffen Sie – wo möglich – eine konkrete Vereinbarung. Kritisieren Sie jedoch nur konkretes Verhalten und Standpunkte, nicht hingegen die Gefühle Ihres Gegenübers. Denn auch das Anliegen des anderen müssen Sie respektieren! Mit Positionen hingegen können Sie sich konsequent auseinander setzen. Wichtig ist es allerdings, sich nicht in Details zu verbeißen, weil man den anderen in Wirklichkeit nicht ausstehen kann.

Infobox

Auch das eigene Anliegen muss überprüft werden!

Und auch bei sachlichen Fragen darf die Angelegenheit, um die es geht, nicht benutzt werden, um den anderen herabzusetzen. Einen Menschen erkennen Sie an,

- wenn Sie versuchen, den anderen zu verstehen (zuhören und fragen);
- wenn Sie davon ausgehen, dass Ihr Gegenüber prinzipiell einsichtsfähig ist;
- wenn Sie den anderen ernst nehmen.

Es muss also immer das eigene Anliegen sein, dieses Kritikgespräch zu führen. Denn man kann nicht erwarten, dass einem der andere diese Arbeit abnimmt und sich selbst kritisiert. Aber: Je häufiger, direkter und unkomplizierter Sie eine Wahrnehmung äußern, desto überflüssiger wird ein offizielles Kritikgespräch. Und: Äußern Sie die Kritik klar und deutlich, anderenfalls wird sich nichts ändern.

Nehmen Sie es insbesondere auf sich, dass Sie für sich alleine stehen. Denn wie der andere reagiert, können Sie vorher nicht wissen. Der Kritisierte muss nämlich die Kritik nicht hinnehmen, dazu kann man niemanden zwingen. Manchmal lassen sich Konflikte aber nur deshalb nicht lösen, weil man es mit Personen zu tun hat, die nicht von sich selbst absehen können und auf ihrem Standpunkt beharren, selbst wenn er objektiv falsch ist.

In diesen Extremfällen bleibt dem Moderator nichts anderes übrig, als den Kontakt auf das Notwendigste zu beschränken oder sogar ganz abzubrechen. Vorher sollte man sich allerdings fragen, wie es mit der eigenen Kritikfähigkeit steht. Hüten Sie sich als Moderator jedoch davor,

● das Gesagte ungeprüft abzuschmettern;
● sich zu verteidigen, Entschuldigungen zu suchen, die Verantwortung abzuwälzen;
● gekränkt oder beleidigt zu sein und dem anderen damit indirekt ein legitimes Ansinnen abzusprechen;
● Schuldgefühle zu erzeugen und die punktuelle Kritik zu unterlaufen.

Die richtige Gesprächsstrukturierung
● Fragen nach der Position: „Was ist Ihre Meinung?", „Wie sehen Sie das?", „Was halten Sie davon?", „Wie lautet Ihr Standpunkt?"
● Fragen nach dem Anliegen: „Was ist Ihnen wirklich wichtig?", „Worin liegt Ihr Standpunkt begründet?",

„Was ist langfristig notwendig?", „Was darf auf keinen Fall vernachlässigt werden?"

- Aktives Zuhören: „Sie meinen also, dass ...?", „Sie fragen sich, ob ...?", „Verstehe ich Sie richtig, dass Ihnen ... besonders wichtig ist?"
- Fragen nach einer Problemlösung: „Wie bringen wir unsere Anliegen am besten unter einen Hut?", „Was schlagen Sie vor?", „Ich überlege, ob es eine weitere Lösung gibt. Was meinen Sie?"
- Zusammenfassung: „Unser Ergebnis lautet also folgendermaßen: ... Können wir so verbleiben?", „Gibt es noch etwas, an das wir denken sollten?"

Wenn ein Zwischenruf Ihren Redefluss unterbricht oder Ihnen in einer anschließenden Diskussion brenzlige Fragen gestellt werden, dann können Sie Ihre Teilnehmer dennoch überzeugen. Antworten Sie zunächst beispielsweise: „Das ist eine gute/wichtige/interessante Frage!" Auf diese Weise verschaffen Sie sich Zeit zum Überlegen und geben ein positives Signal an die Gegenseite. Denn wenn jemand einen gewichtigen Einwand nicht „wie aus der Pistole geschossen" beantwortet, dann präsentiert er sich als jemand, der abwägt und souverän reagiert.

Auch Ihre eigentliche Antwort sollte möglichst ruhig ausfallen: Kann der Einwand widerlegt werden, erübrigt sich jede zusätzliche Überlegenheitsgeste. Ist der Einwand berechtigt, beleuchten Sie ihn – taktisch geschickt – von zwei Seiten: „Zweifellos kann man da einen Nachteil sehen, doch bedenken Sie bitte, dass auf der anderen Seite ..." Notfalls bleibt Ihnen ein Ausweichen oder Hinausschieben: „Dazu muss ich mich erst genau informieren/die Betroffenen anhören."

> Auf Einwände gehen Sie am besten wie folgt ein: Verständnis zeigen, Angriffe zurückweisen, Lösungsvorschläge machen.

Auf diese Weise zeigen Sie, dass Sie Bedenken ernst nehmen, sich aber nicht aus dem Konzept bringen lassen. Wer hingegen erregt einen Kampf ums Recht haben aufnimmt, hat meist schon verloren. Wer als Moderator hingegen schweigt, macht sich unglaubwürdig. Gehen Sie einem Kritikgespräch deshalb nicht aus dem Weg, auch wenn ein solches Gespräch für beide Seiten schwierig ist. Insbesondere sollte nach solchen Gesprächen eine fruchtbare und stressfreie Zusammenarbeit möglich sein.

Auf einen Blick

➜ Haben Sie den Mut, Ihre Zuhörer um ein Feedback zu bitten. Ehrlich gemeinte Rückmeldun-

→ Sprechen Sie Kritikpunkte konkret an. Je ge-
nauer Ihr Gegenüber weiß, worum es geht,
desto besser kann er darauf eingehen.
→ Einwänden begegnen Sie am besten, indem Sie
diese von mehreren Seiten beleuchten.

3.4 Auftreten und Körpersprache

Aufgabe des Moderators ist es, auch das Auge des
Zuhörers anzusprechen. Von daher sollte die Haltung
des Moderators stets korrekt sein. Schon die Andeutung
von schlechter oder zu forscher Haltung mindert die
Wirkung des Moderators. Wenn Sie schon im Stehen
sprechen müssen, vermeiden Sie eine breite Beinstel-
lung. Auch verschränkte oder übereinander geschlagene
Arme, Arme auf dem Rücken oder Hände in den Taschen

> Infobox
>
> Selbstbewusstes,
> aber nicht über-
> hebliches Auftre-
> ten ist der erste
> Schritt zur gelun-
> genen Moderation.

wirken nicht weltmän-
nisch, sondern großspurig
bzw. unsicher. Stehen Sie
grundsätzlich locker, ohne
dabei herumzuwackeln. In
dem Augenblick, in dem
Sie die Möglichkeit haben
sich zu setzen, nutzen Sie

diese Möglichkeit, denn im Sitzen geben Ihnen Sitzflächen und Rückenlehne Sicherheit und helfen, den Körper kontrolliert zu bewegen.

Trotzdem gibt es noch eine ganze Reihe von möglichen Fehlern: Däumchen drehen, mit Gegenständen spielen, Beine um die Stuhlbeine schlingen usw. Unabhängig davon, ob ein Moderator sitzt oder steht, gibt es weitere Unarten, die dem Zuhörer sofort auffallen, die aber der Moderator offenbar selbst nicht bemerkt. Dies können z. B. sein: Ohr- und Nasezupfen, Kopfkratzen, Mund mit der Hand verdecken, mit den Fingern in den Zähnen stochern, Räuspern, Husten usw. Bedenken Sie stets: „Kleider machen Leute". Achten Sie bei Ihrer äußeren Erscheinung und Aufmachung darauf, dass diese Ihrem Teilnehmerkreis angepasst ist. Denn in Haltung und Kleidung sollten Sie zwar Selbstbewusstsein ausstrahlen, aber dennoch zurückhaltend wirken!

Gestik und Mimik eines Moderators

Alles, was das Auge anspricht, steigert die Aufmerksamkeit und wird damit auch besser im Gedächtnis behalten. Das gilt für jede Teilnehmergruppe. Warum wird beispielsweise der Fernsehkrimi dem Hörspiel im Funk vorgezogen? Unter anderem doch wohl deshalb, weil zugleich Auge und Ohr angesprochen werden. Gestik und Mimik zeigen dem Zuhörer, dass hinter den Worten Engagement steckt.

Mimikübungen

- „sorgenvoll": Augenbrauen nach oben ziehen, Stirn in Falten legen, Augen öffnen
- „aber ich bitte Sie": Kopf etwas nach unten geneigt, sodass die Pupillen nach oben, scheinbar unter die Brauen rutschen, Mundwinkel nach außen ziehen

Versuchen Sie beispielhaft, einzelne Worte plastisch durch Mimik zu unterstreichen.

Ein bekanntes Beispiel ausgefallener Gestik lieferte Chruschtschow. Er versuchte bei einer Rede vor der UNO in New York, seinen Argumenten Nachdruck zu verleihen, indem er seinen Schuh auszog und damit aufs Rednerpult trommelte. Wir wollen nicht hoffen, dass Sie zu derartigen Mitteln greifen müssen, um Ihren Argumenten Nachdruck und Durchschlagskraft zu verleihen. Gehen Sie daher mit Gesten eher zurückhaltend als zu großzügig um.

Legen Sie die Hände am besten auf das Rednerpult bzw. auf den Tisch. Falls Sie stehend reden, postieren Sie die Hände unauffällig in Höhe des zweiten Jackenknopfes.

> **Infobox**
> Mimik und Gestik unterstreichen das Gesagte.

Setzen Sie kleine, Kontakt fördernde Gesten beim Sprechen ein. Vermeiden Sie dabei aber hastige Bewegungen. Gesten sind nur dann echt und wirken, wenn sie wie beim herkömmlichen Alltagsgespräch ganz natürlich aus dem inneren Miterleben herausfließen. Deshalb kommen sie auch meist etwas früher als das gesprochene Wort.

Arme und Hände können drohen, bitten, fragen, zustimmen; sie können Entsetzen, Abwehr und Freude ausdrücken. Der hinweisende Zeigefinger, der Drohfinger, die geballte Faust, die nach oben geöffnete Hand, die nach unten abdeckende Hand, die Halt gebietende erhobene Hand sowie ausgebreitete Arme sind häufig zu sehende Gesten, die nachahmenswert sind, wenn sie an der richtigen Stelle gebraucht werden.

Dagegen wirkt es lächerlich, wenn die Hand immer genau an der falschen Stelle erhoben wird. Denn mit Herumzappeln oder mit Luft zerstückelnden Fuchteleien wirkt jeder Moderator nur unecht.

Wenn wir auf den Einsatz von Mimik und Gestik verzichten, steigern wir zwar die Wirkung unserer Worte nicht optimal, laufen aber auch nicht Gefahr, die bisher erzeugte Wirkung beim Zuhörer zu vermindern. Mit dieser Entscheidung wollen wir jedoch das bisher Gesagte nicht in Frage stellen, sie soll aber denjenigen Mut machen, die zu den zögernden Anfängern zu zählen sind. Merken Sie sich: Natürliche Mimik und Gestik erhöhen die persönliche Überzeugungskraft des Moderators.

Gestik-Übungen

- „heranziehen": Arm in Brusthöhe mit offener Hand nach vorne ausstrecken, Handflächen nach oben, Hand zur Faust schließen, kräftig zur Brust heranholen, Oberkörper dabei nach hinten beugen
- „wir alle": mit seitlich ausgebreiteten Armen einen Halbring formen, der die Teilnehmergruppen scheinbar links und rechts berührt und damit umschließt
- „stur gerade aus": beide Arme senkrecht nach oben angewinkelt, Handflächen rechts und links dicht neben den Schläfen, Fingerspitzen zusammen, nach oben gerichtet; Entfernung zwischen Handflächen beibehalten und Hände nach vorne bewegen, Arme beugen bis höchstens waagerecht

Der dynamische Blickkontakt

Während der ganzen Moderation müssen die Teilnehmer das Gefühl haben, dass dem Moderator an einem nicht abreißenden Kontakt zwischen ihm und seinen Teilnehmern gelegen ist. Geschieht das nicht, so wird sich das Interesse nicht nur für den Moderator, sondern auch für den sachlichen Inhalt seiner Moderation vermindern. Durch den Augenkontakt muss jedem das Gefühl gegeben werden, dass auch er gemeint ist. Bei einer Moderation vor einem größeren Teilnehmerkreis ist man allerdings gezwungen, ganze Sitzgruppen so zu behandeln wie im kleineren Kreis den Einzelnen. Zwei Gefahren sind hierbei zu beachten:

- der Moderator schaut zu lang in die Runde und findet den nächsten Punkt seines Konzeptes nicht wieder,
- der Moderator klebt an seinem Konzept und liest zu viel ab.

Wie man es richtig macht, können Sie jeden Abend im Fernsehen in der Tagesschau beobachten. In den meisten Fällen bietet der Sprecher uns das richtige Verhältnis zwischen „Blick in die Kamera" (Teilnehmer) und Blick auf sein Konzept. Neben den eben genannten Gefahren des falschen Blickeinsatzes gibt es noch zwei weitere Gefahrenquellen:

- Der Blick ist wieselnd: ein Huschen über die Sitzgruppe. Sie wird dadurch zwar vollständig erfasst, aber niemand fühlt sich angesprochen. Dieses Verhalten wirkt unsicher, auf die Dauer sogar albern. Dieser Effekt verstärkt sich, wenn statt der wieselnden springende, unruhige Augen- und Kopfbewegungen gemacht werden.
- Der Blick ist bereichskonstant: Der Moderator hat sich auf eine kleinere Gruppe versteift. Häufigste Form dieses Fehlers ist die Vernachlässigung der seitlich sitzenden Zuhörer.

Der richtige Weg
Die folgenden Schritte zeigen Ihnen das richtige Maß von Publikumskontakt und Textaufnahme.

- konzentrierte Aufnahme des Textes mit gesenktem Kopf
- Hochnehmen des Kopfes
- Vortragen des Textes mit schweifendem Blick
- Aufrechterhalten des Blickkontaktes während der entstehenden Pause
- Senken des Kopfes um erneut Informationen aufnehmen zu können.

Mit dem letztgenannten Punkt schließt sich der Kreislauf und beginnt wieder von vorn. Diese fünf Schritte können allerdings nur dann verwirklicht werden, wenn man dazu in der Lage ist, Denken und Sprechen miteinander zu verknüpfen, d. h. ein Denken während des Sprechens bzw. ein Sprechen während des Denkens zu vollziehen.

Die Verlegenheitspause

Bei der Verlegenheitspause wird wie folgt unterschieden: der Wortmangel (es fehlt der richtige Ausdruck), das Steckenbleiben (die Satzformulierung ist verunglückt) und die Todespause (der rote Faden ist gerissen). Die Verlegenheitspause ist nicht geplant und von daher höchst unwillkommen.

Beispiel 1: Während des Moderierens fällt Ihnen ein ganz bestimmter Begriff, das betreffende Wort nicht ein. Was ist zu tun? In gar keinem Falle sollten Sie eine

Entschuldigung hervorbringen, in etwa so: „Entschuldigen Sie bitte, im Augenblick fällt mir das passende Wort nicht ein." Jetzt würde auch dem letzten Ihrer Teilnehmer klar werden, dass Sie Schiffbruch erlitten haben. Besser machen Sie es so: Zögern, das passende Wort kommt nicht, statt dessen aber ein Verlegenheitslaut: „... es ist wirklich schwer, hier den richtigen Ausdruck zu finden" oder „Ja, wie soll ich es präzise formulieren ..." Hier wird man Ihr Bemühen, den Sachverhalt so präzise wie möglich zu schildern, honorieren. Eventuell springt Ihnen sogar einer Ihrer Teilnehmer bei und hilft Ihnen mit dem passenden Wort aus. Mit diesem können Sie dann fortfahren.

Beispiel 2: Während Ihrer Rede merken Sie, dass Sie den gerade angefangenen Satz nicht zu Ende bringen können. Sie haben sich in einen Schachtelsatz verstiegen, aus dem Sie nicht wieder herausfinden. Falls Sie so stecken bleiben, können Sie diesen angefangenen Satz nur mutig abbrechen. Anschließend muss dann eine Formulierung kommen, die in etwa lauten könnte: „Nein, ich möchte es besser formulieren ..." Dann haben Sie die Möglichkeit, diesen Satz noch einmal passender zu formulieren. Der abgebrochene Satz bleibt nicht haften, denn nur der gelungene Satz zählt.

Beispiel 3: Die Todespause hingegen gehört ohne Zweifel zu den schwierigsten Situationen, in die ein Moderator überhaupt geraten kann. Falls Sie in diese Situation kommen, heißt die wichtigste Regel: „Erschrecken Sie nicht." Eventuell haben Sie sogar die Möglichkeit, so zu tun, als sei hier eine von Ihnen gewollte Pause eingetreten. Falls diese Zeitspanne nicht ausreichen sollte, den Faden wieder zu finden, bleibt eine weitere Möglichkeit: Sie können das bisher Gesagte noch einmal zusammenfassen: „Ich darf noch einmal kurz zusammenfassen ..."

Ebenso ist es möglich, einen zuvor geäußerten Gedanken, den Sie noch präsent haben, mit der Formulierung „Zu Ihnen sagte ich, dass ..." zu wiederholen. Als letzten Rettungsanker kann man ebenfalls Formulierungen gebrauchen wie: „Bin ich da hinten verstanden worden?" „Wollen wir nicht gerade einmal das Fenster öffnen?" „Haben Sie zu meinen bisherigen Ausführungen schon eine Frage zu stellen?"

> **Infobox**
>
> Auch wenn Sie einen „Hänger" haben – einfach ruhig bleiben.

Nach derartigen Unterbrechungen ist es geradezu notwendig, die rhetorische Frage zu stellen: „Wo waren wir gerade stehen geblieben?" Anschließend kann ein Blick ins Konzept kommen, ohne dass die Teilnehmer es einem übel nehmen. Wenn alle Stricke reißen, können Sie immer noch den Fadenriss ehrlich zugeben. Diese Offenheit kann durchaus sympathisch wirken. Voraussetzung ist allerdings, sie passiert nicht zu häufig. Verbinden Sie aber dann das Eingeständnis gleich mit einer lustigen Anekdote zum Thema Fadenriss. Eine solche sollten sich Moderatoren vorher immer zurecht legen.

Auf einen Blick

→ Proben Sie einen Teil Ihrer Moderation vor dem Spiegel. Achten Sie dabei auf störende Mimik und Gestik.

→ Studieren Sie einzelne Gesten bewusst ein und benutzen Sie sie bei passender Gelegenheit.

→ Wenn Sie sich beim Einsatz von Mimik und Gestik unsicher fühlen, verzichten Sie lieber ganz darauf.

→ Trainieren Sie den richtigen Blickkontakt: schweifender, ruhiger Blick über das ganze Publikum.

→ Legen Sie sich vorher ein paar geeignete Sätze zurecht, mit denen Sie Verlegenheitspausen überbrücken können.

3.5 Einsatz rhetorischer Mittel

Rhetorik ist mit „Kunst der Rede" zu übersetzen. Heute sind wir von diesem ursprünglichen Sinn weit entfernt.

Der Wunsch, reden zu können, ist wohl vielseitig vertreten und gilt insbesondere als Notwendigkeit für jeden Moderator. Trotzdem erscheint es in der heutigen Zeit sinnvoller, von „Redefertigkeit" zu sprechen.

Durch rhetorisches Vermögen kann man Menschen beeinflussen. Dabei kann man einmal einen Menschen gewinnen, indem man ihn überzeugt, andererseits ist es aber auch möglich, ihn zu „überreden". Letzteres müssen wir als unfair bezeichnen. Deshalb wollen wir jetzt den Unterschied zwischen „Überzeugungen" und „Manipulation" herausstellen.

Infobox

> **Wir können immer dann von „Überzeugen" sprechen, wenn eine Person einer anderen Informationen zuleitet und der Empfänger die darin enthaltenen Schlussfolgerungen freiwillig – also ohne Drohung und Zwang – als Entscheidung akzeptiert.**

Der Unterschied zwischen Überzeugung und Manipulation besteht also im Wesentlichen darin, dass bei Manipulation nur mit Vorbehalt eine freiwillige Übernahme der Entscheidungen unterstellt werden kann.

Hochsprache, Alltagssprache oder Umgangssprache?
Die Hochsprache stellt das Ideal dar. Sie wird in der anspruchsvollen Literatur, im wissenschaftlichen Schrift-

tum, teilweise auch in Presse und Rundfunk gepflegt. Allgemein können wir behaupten, dass diese Hochsprache kaum von einem Sprachangehörigen in ihrer vollen Reinheit beherrscht wird.

Als Alltagssprache wird ein gutes, korrektes Deutsch bezeichnet, das sich bemüht, den Anforderungen der Hochsprache zu entsprechen. Allerdings werden Satzbau, Wortwahl und Aussprachen (z. B. durch mundartliche Gegebenheiten) beeinträchtigt.

Die Umgangssprache ist die am häufigsten vertretene Sprachform. Ihr Sprecher nimmt es mit Satzbau und Wortwahl nicht so genau. Die Aussprache ist häufig Dialekt gefärbt sowie mit bildhaften Ausdrücken und Redewendungen durchsetzt, die dieser Sprachschicht neben anderen Besonderheiten eine Eigenständigkeit geben.

Die Notwendigkeit des präzisen Ausdrucks
Damit eine Kommunikation stattfindet, bedarf es nicht nur eines Senders, einer Nachricht und eines Empfängers, sondern auch weiterer Voraussetzungen:

● Die Botschaft muss das Interesse des Empfängers wecken.
● Die Botschaft muss Signale enthalten, die dem Erfahrungsschatz des Empfängers entsprechen.

● Die Botschaft muss persönliche Bedürfnisse des Empfängers ansprechen.

Um dies zu erreichen, bedarf es des Einsatzes der Stimme, der Wortwahl sowie der rhetorischen Darstellungs-
mittel. Während wir sprechen, ist unser Zuhörer zwar
insofern passiv, als dass er nicht selbst redet, auf der anderen Seite aber hochaktiv: Er sammelt Fakten, um den
Redner hinsichtlich seiner Denkfähigkeit, seiner Intelligenz und seiner Charaktereigenschaften einstufen zu
können. Die Teilnehmer eines Meetings ziehen also aus
dem Eindruck, den ein Moderator auf sie macht, Bilanz.
Der Moderator selbst kann dieses Vorurteil nicht verhindern – aber er kann dafür sorgen, dass es nach Möglichkeit positiv ausfällt!

Sprechen ist eine akustisch optische Tätigkeit, die nicht
auf dem Papier geübt werden kann. Deshalb ist es auch
so schwer, durch Sprechen Erfolg zu erzielen. Bestimmt
ist es Ihnen schon einmal passiert, dass Sie innerlich
oder laut gesagt haben: „Dieser Sprecher ist mir unsympathisch." Welche Gründe können wir dafür finden? Der
häufigste Grund für eine spontane Ablehnung ist die
Stimme des Sprechers.

Denn: Ein Moderator muss seine Stimme immer so klingen lassen, dass sie bei seinen Zuhörern ein positives Urteil entstehen lässt. Er muss den Klang seiner Stimme

sympathisch wirken lassen. Stimmen können unsympathisch, das heisst schrill, schneidend, piepsend, krächzend, gehetzt und verkrampft, aber auch sympathisch und einladend wirken: freundlich, bittend, melodisch, warm, sonor, harmonisch. In diese Klassen stuft der Zuhörer Ihre Stimme ganz am Anfang ein. Hier fällt bereits eine Vorentscheidung, ob Sie Erfolg haben werden oder nicht. Mindestens aber, ob Ihre Beeinflussungsbemühungen leichter oder schwerer sein werden.

Infobox

Analysieren Sie Ihre Stimme!

Obwohl es Ihnen schwer fallen wird, sollten Sie doch versuchen, den Klang Ihrer Stimme zu analysieren und zu werten. Eine Tonbandaufnahme gibt vielleicht Auskunft. Allgemein wird bei einem ungeübten Redner die Tendenz zu hohen Tönen vorherrschen. Die hohe Stimmlage kann aber auch sehr leicht aufdringlich auf den Zuhörer wirken. Er könnte hierdurch sogar den Eindruck gewinnen, dass man ihm etwas aufnötigen will. Sprechen Sie deshalb wie in einer normalen Unterhaltung, wechseln Sie also die Tonhöhe und vermeiden Sie einen Gleichklang Ihrer Stimme.

Geben Sie Ihrer Sprache die nötige Klangfarbe. Wesentliche Schwerpunkte und wichtige Satzteile müssen durch hörbare Betonung herausgehoben werden. Für eine bemerkbare Herausstellung ist in erster Hinsicht

95

richtige Modulation verantwortlich. Modulation bedeutet: Regelung von Tonstärke und Klangfarbe. Einen bedeutsamen Schwerpunkt macht man hörbar, indem man ihn etwas lauter und im Tonfall etwas höher bringt als die Satzteile, die vor und nach diesem Höhepunkt liegen. Dieser hörbare Wechsel erzeugt Spannung und der Zuhörer merkt auf.

Infobox

Auch für das öffentliche Reden gilt: üben, üben, üben!

Um dem ungeübten Redner zur freien Rede zu verhelfen, gibt es einige Vorübungen. Diese Übungen müssen allerdings mehrmals ausgeführt werden, bevor sich ein Erfolg einstellen kann. Begonnen wird mit dem lauten Vorlesen. Nehmen Sie sich hierzu einen normalen Buchtext oder einen Zeitungsartikel und lesen Sie diesen laut vor, wobei Sie üben sollten, Ihren Blick vom Buch zu lösen und aufzuschauen bzw. den (imaginären) Zuhörer anzusehen.

Diese Übung stellt erstens eine Voraussetzung zum Blickkontakt dar und Sie haben zweitens die Möglichkeit, das zuvor besprochene Wissen über den Einsatz der Stimme anzuwenden. Bringen Sie also die dem Sinn nach zusammen gehörenden Wortgruppen durch eine entsprechende Betonung auch akustisch in den beabsichtigten Zusammenhang.

Eine weitere Übung, die sowohl Ihr Gedächtnis als auch die Wortwahl schulen wird, ist das Üben von Inhaltswiedergaben. Als Arbeitsunterlage nehmen Sie z. B. einen Ausschnitt aus Ihrer Tageszeitung und versuchen dann, diesen Abschnitt mit eigenen Worten wiederzugeben. Suchen Sie bitte bewusst nach Synonymen (sinnverwandten Wörtern). Dadurch werden Sie gezwungen, bewusst in Ihrem Wortschatz herumzukramen. Des Weiteren schulen Sie Ihre Konzentration, denn der Sinn Ihrer Vorlage muss bei der Wiedergabe mit eigenen Worten erhalten bleiben.

Der nächste Schritt stellt eine Erweiterung der zuletzt besprochenen Übung dar, denn Sie sollen jetzt versuchen, das Wesentliche des gewählten Abschnitts in wenigen Stichworten festzuhalten. Diese Stichworte sind als Grundgedanken anzusehen. Sie sollen das Sinngerippe des Gelesenen darstellen. Nun muss es Ihnen gelingen, anhand des von Ihnen erstellten roten Fadens den ursprünglichen Inhalt Ihres Buch- oder Zeitungsabschnittes wiedergeben zu können. Wenn Sie diese Übung beherrschen, haben Sie eine gute Grundlage geschaffen, um später von einem Stichwortkonzept Ihre Gedanken zum Ausdruck zu bringen.

Die richtige Atemtechnik

Falls Sie vom vielen Üben außer Atem gekommen sein sollten, kann das eventuell an einer falschen Atmung, an einer falschen Atemtechnik gelegen haben. Ja – auch das richtige Atmen ist Voraussetzung zum erfolgreichen Moderieren bzw. Reden. Wenn es Ihnen Schwierigkeiten bereitet, laut zu sprechen, sollten Sie einmal Ihre Atemtechnik überprüfen. Vermutlich haben Sie auch einmal gelernt, dass man beim Einatmen den Bauch einziehen und den Brustkorb heben soll (beim Ausatmen den umgekehrten Bewegungsablauf). Doch genau das ist falsch! Wir müssen nämlich davon ausgehen, dass unsere Lungenflügel birnenförmig gebaut sind. Im oberen Teil des Brustkorbes befindet sich der Birnenstil, im unteren Teil, über dem Zwerchfell, die Birnendecke. Bei der Brustatmung werden nur die Lungenspitzen mit Luft gefüllt. Sie fassen nur wenig Luft und können daher auch nur wenig abgeben. Mit der Zwerchfellatmung (Bauch heraus) werden die umfangreicheren Teile der Lunge mit Luft gefüllt. Dieser Vorgang reicht wesentlich länger. Probieren Sie es einmal.

> **Infobox**
>
> **Auch das richtige Atmen will gelernt sein!**

Luft holen können Sie allerdings nur, wenn der Sinn des Gesprochenen eine Pause gestattet. Diese Pause wird nicht immer so groß sein, um sich die Lungen vollständig mit Luft füllen zu können. Hier müssen Sie sich durch ein flacheres Atmen bis zum nächsten Satzende retten. Und auch das kann man üben: Holen Sie tief Luft, suchen Sie sich einen mittellangen Satz und versuchen Sie, diesen mit richtiger Atemtechnik über die Runden zu bringen. Wenn Ihnen das gelungen ist, steigern Sie die Übung und führen Sie diese fort, bis Sie in der Lage sind, zwei bis drei Sätze mit einer Lungenfüllung wiedergeben zu können.

Das richtige Atmen ist die Voraussetzung zum Sprechen. Falsches Atmen bedeutet einen viel zu großen Kraftaufwand beim Sprechen. Deshalb müssen wir davon ausgehen, dass ohne richtiges Atmen auch kein richtiges Sprechen möglich ist. Die Brustatmung ist daher nicht geeignet, sie kann sogar als gesundheitsschädigend bezeichnet werden. Für das richtige Sprechen ist nur die Kombination aus Brust-, Zwerchfell- und Flankenatmung die richtige Art: voll, langsam, tief und rhythmisch.

Eine bedeutsame Erkenntnis über das Atmen
Reden ist im Grunde genommen tönendes Ausatmen, denn wir sprechen in der Phase der Ausatmung. Die Hauptkunst liegt daher nicht im Ein-, sondern vielmehr im Ausatmen. Das Problem liegt darin, dass bei flacher Atmung ein hoher Restbestand von verbrauchter Luft in den Lungen verbleibt. Nur wenn optimal ausgeatmet wird, können alle Restbestände exhaliert werden. Somit wird wieder Platz geschaffen für neue, sauerstoffreiche Luft.

Obwohl das richtige Atmen und die Beherrschung der Atemtechnik für uns wichtig sind, führen die meisten

Menschen keinerlei Atemtraining durch. Genauso wie vielen die eigentlich dringend nötigen Kniebeugen am Morgen schwer fallen. Die Beachtung und das Training der Atemtechnik können aber für jeden Menschen große Bedeutung für eine bessere Gesundheit, erhöhtes Wohlbefinden, gesünderes Aussehen, mehr Energie und Dynamik haben. Eine größere innere Ruhe wird erlangt, wie auch die Fähigkeit, sich besser zu entspannen.

> **Infobox**
>
> **Auch Lampenfieber beeinflusst die Atemtechnik.**

Viele Moderatoren haben anfangs große Schwierigkeiten mit der Atemtechnik. Manche sprechen einfach zu schnell – eines der Hauptprobleme vieler Redner. Andere verkrampfen sich durch die erhöhte Erregung: beides ist durch das Lampenfieber bedingt. Durch ständige Redeübungen lernt der Moderator aber im Laufe der Zeit automatisch, die Atemtechnik besser zu beherrschen. Er braucht sich dann nicht mehr bewusst Gedanken über den Ablauf der Atmung zu machen.

Auch das schnelle Schnappen nach Luft sollte vermieden werden. Die meisten Menschen atmen 14- bis 18-mal in der Minute flach ein und aus. Man sollte mit weniger Atemzügen auskommen, und nach einigem Training sollten etwa acht Atemzüge pro Minute erreicht werden.

Die Lunge kann drei Liter Luft fassen – doch die meisten Menschen, vor allem Schreibtischarbeiter, nehmen mit jedem Atemzug nur etwa einen halben Liter auf. Das bedeutet, dass fünf Sechstel ihrer Lungenkapazität nicht genutzt werden. Ihre Zielsetzung sollte deshalb sein: tiefer und voller ein- und ausatmen. Damit erreichen Sie folgende Vorteile: Sie fühlen sich wohler, Sie haben mehr Energie, Sie ermüden weniger schnell, Sie schlafen besser, Sie wachen rascher auf und: Sie sprechen besser!

Die richtige Atemtechnik zu Beginn und während der Moderation
Atmen Sie kurz vor Ihrer Moderation aus und gehen Sie mit festen Schritten zum Platz Ihres Vortrags. Bevor Sie mit Ihrer Rede beginnen, ist es wichtig, nicht bewusst ein-, sondern auszuatmen! Wer dies zu Beginn nicht tut, hat – wie gesagt – noch von dem vorherigen Atemzug zu viel Luft in den Lungen; also nicht genügend Platz für die neue, nunmehr besonders benötigte frische Luftzufuhr. Die Stimme wirkt dadurch gepresst, atemlos und hektisch. An diese so wichtige Regel denken leider nur wenige Moderatoren. Des Weiteren sollten Sie beim Vorlesen sowie beim Sprechen bewusst die Endsilben betonen, um dadurch besser auszuatmen.

Lautstärke und Sprechtempo
Zur akustischen Wirkung der Sprache ist sicherlich die Lautstärke zu zählen. Sie haben bereits gelernt, dass

Die Lautstärke Ihres Vortrags muss den Gegebenheiten angepasst werden (Raumgröße, Teilnehmerzahl etc.).

Modulation die Regelung von Tonstärke und Klangfarbe bedeutet. Damit sind aber nur die Besonderheiten des Stimmeinsatzes gekennzeichnet worden, nämlich die bewusst kräftigere Stimme beim Herausheben von Schwerpunkten. Damit haben wir dem Satz Sinn geben wollen und zugleich Aufmerksamkeit und Interesse geweckt. Neben dieser speziellen wechselnden Lautstärke ist die allgemeine Lautstärke von Bedeutung. Sie richtet sich zum einen nach der Größe des Teilnehmerkreises, zum anderen nach der räumlichen Gegebenheit und auch nach der Entfernung zwischen Moderator und Zuhörer.

Falls Ihre Teilnehmer mit erschrecktem Gesichtsausdruck und geduckter Haltung vor Ihnen sitzen sollten, müssen Sie davon ausgehen, dass man Ihre Moderation als Lärmbelästigung empfindet. Leicht gedrehte Köpfe, mit einem Ohr zum Moderator gewandt, angespannter Gesichtsausdruck oder gar eine hinters Ohr gelegte Hand als Empfangsverstärker sind deutliche Hinweise darauf, dass zu leise gesprochen wird.

Die richtige Grundlautstärke ist wegen der stets unterschiedlichen Gegebenheiten (Größe des Teilnehmerkreises, Entfernung zum Zuhörer und Beschaffenheit des Raumes) nicht als absolute Größe festlegbar. Mit dem Sprechtempo verhält es sich ebenso. Auch hier gibt es keine Normen, die man als Hilfsmittel anbieten könnte. Der Schwierigkeitsgrad Ihres Themas und die Geübtheit der Teilnehmer im Zuhören sind sicherlich zwei Größen, die auf das Sprechtempo Einfluss haben. Sprechen Sie zu schnell, dann schaltet der Zuhörer bald ab. Er kann Ihnen nicht mehr folgen, sein Konzentrationsvermögen ist überfordert.

> **Infobox**
>
> **Sprechen Sie weder zu schnell noch zu langsam!**

Wenn Sie zu langsam sprechen, dann passiert das gleiche wegen Unterforderung. Sie wirken langweilig. Beobachten Sie deshalb das Verhalten Ihrer Zuhörer und ziehen Sie Schlüsse daraus. Passen Sie sich den Forderungen der Zuhörer an. Bei wichtigen Höhepunkten – oder kurz davor – kann durch ein verändertes Sprechtempo die notwendige Spannung erzeugt werden. Dieses spezielle Sprechtempo kann einmal schneller und einmal langsamer als das allgemeine sein.

Die richtige Artikulation

Unter Artikulation versteht man die Deutlichkeit der Aussprache. Befassen wir uns zunächst einmal mit den Wortendungen. Hier werden am häufigsten die Endungen -en, -er, -ng, -nt, -st vernachlässigt. Wer aber beim

Sprechen daran denkt, also bewusst spricht und jedes Wort mit seinen Gedanken begleitet, bis es ganz ausgesprochen ist, wird hier kaum Fehler machen. Insgesamt gibt es zwei Gruppen von Verschlusslauten:

- stimmhafte Verschlusslaute, sie werden weich gesprochen: b, d, g
- stimmlose Verschlusslaute, sie werden scharf gesprochen: p, t, k

Ihre Bedeutung haben die Verschlusslaute eigentlich nur am Silbenanfang. Am Wortende werden alle, auch die stimmhaften, scharf ausgeprochen. Zischlaute hingegen sind am Anfang und am Ende einer Silbe gleich wichtig: „Z" und „sch" werden gerne in einen Topf geworfen. Die Vokale i, e, a, o, u sind verantwortlich für die Farbe und für den Klang unserer Sprache. Aber auch für die Artikulation haben sie Bedeutung. In der eben angegebenen Reihenfolge sind sie bei verschieden runder Mundstellung zu formulieren.

> **Infobox**
>
> Wenn Sie zu langsam sprechen, unterfordern Sie Ihre Zuhörer und Sie wirken langweilig.

Während das „e" mit noch relativ schmaler Lippenstellung formuliert wird, muss diese über das „a" bis zum „u" immer runder werden. Die Mundmuskulatur und die Zunge sind am wichtigsten für die deutliche Sprechweise. Wer sie bisher vernachlässigt hat bzw. nicht bewusst auf sie geachtet hat, sollte es einmal mit leisem Sprechen, mit einem Flüstern versuchen. Dies zwingt zu einer deutlichen Aussprache, sonst wird man nicht verstanden.

Um die Stimme erfolgreich einsetzen zu können, müssen folgende Voraussetzungen erfüllt sein:

- die Stimme muss klingen,
- Sprechtempo und Lautstärke sind den gegebenen Umständen anzupassen,
- Atemtechnik und Artikulation müssen geschult sein.

Achten Sie deshalb immer auf Ihr Sprechtempo, Ihre Artikulation, Ihre Sprache – und sagen Sie bitte nicht, dass diese Anforderungen über das Maß hinausgehen. Bedenken Sie bitte, dass Sie auch im privaten Bereich an Sicherheit und Überzeugung gewinnen, wenn Sie mit einer geschulten Stimme sprechen.

Der Redestil

Viele Moderatoren neigen dazu, sich relativ aussageschwacher Tätigkeitswörter zu bedienen: „machen", „tun", „gehen" sind Beispiele dafür. Dabei ist es immer besser, nach dem passenden Ausdruck bzw. nach dem betreffenden Wort zu suchen. Das Wort „machen" lässt sich zum Beispiel zutreffender ersetzen durch „treiben",

„unternehmen", „erledigen", „bereiten", „erzeugen", „herstellen". Sicher gibt es noch mehr Möglichkeiten.

Ziel des Moderators muss es sein, anschaulich zu sprechen. Es muss ihm gelingen, die Aufmerksamkeit seiner Zuhörer durch *plastische, farbige, bildhafte* Begriffe zu erhalten. Falls es Ihnen schwer fallen sollte, diese Forderungen zu verwirklichen, so hilft Ihnen ein Synonymwörterbuch. Denn gerade Tätigkeitswörter verleihen unserer Sprache Anschaulichkeit und Farbe.

Vorsicht ist auch geboten vor der so genannten Substantivierung. So kann das Sprichwort „Die Folge von Grubengrabungen mit dem Ziel der Schädigung von Fremdpersonen ist das Hineinfallen des Täters" auch einfach mit „Wer anderen eine Grube gräbt, fällt selbst hinein" formuliert werden. Diese Hauptwörterlastigkeit ist leider absolut zeitgemäß, erstickt aber geradezu unsere Sprache. Sie nimmt ihr die Lebendigkeit und mit der fehlenden Lebendigkeit der Sprache stirbt auch ihre Spannung!

> **Infobox**
>
> **Entwickeln Sie einen lebendigen Sprachstil!**

Insbesondere das Amtsdeutsch pflegt diesen Sprachstil. Dabei sollten Moderatoren stets bedenken: Das Tätigkeitswort selbst wirkt lebhaft, als Hauptwort hingegen erstarrt es. Gleiches gilt, wenn ein Moderator zu viele und unbekannte Fremdwörter benutzt. Dann errichtet er lediglich eine Mauer zwischen sich und seinen Zuhörern. Auch die folgende Überleitung zu unserem nächsten Gedanken stellt für viele Moderatoren einen fatalen Fehler dar. Worum es geht, werden Sie gleich selber merken:

„Wenn lange und verschachtelte Sätze, die nur das gleiche wie Fremdwörter bewirken, nämlich ratlose Unklarheit beim Zuhörer, gesprochen werden, geschieht es meistens, obwohl es unbewusste Angewohnheit ist, in der Annahme, dass es ein Zeichen von besonderer Intelligenz bzw. in der Amtssprache von knapper Klarheit, die jedoch bestimmt nicht dadurch zeigt, eher das Gegenteil ist, sei, möglichst viele Gedanken als Informationen für den Zuhörer – sozusagen in einem Atemzug – was aber nur selten gelingt, rein körperlich zu bringen, um dadurch ..."

Sie haben es längst erkannt: hier wird die Satzlänge angesprochen. Und dieser Marathonlauf, den wir bei Kilometer 23 unterbrochen haben, wäre ja wohl eine Zumutung für jeden Zuhörer. Selbst bei einer guten Betonung – was bei einem derart langen Satz schon fast nicht mehr möglich ist – ermüdet jeder Zuhörer und er schaltet ab. Merken Sie sich deshalb: ein neuer Gedanke – ein neuer Satz!

Schreiben Sie deshalb nur das auf eine Folie, was Sie nachher auch wirklich brauchen, und zwar genau in der

Art, wie Sie es brauchen. Ansonsten wird der Zuhörer durch den abweichenden Text auf der Folie von Ihrem Vortrag abgelenkt. Es ist nämlich eine verbreitete Unsitte, komplexe Folien nur für ein paar Sekunden aufzulegen, ohne sie genau zu besprechen oder den Teilnehmern zu sagen, was der wesentliche Punkt der Folie ist.

> **Infobox**
>
> **Was Sie nicht ansprechen, kommt auch nicht auf die Folie!**

Auch nützt es nichts, eine formale Definition auf Folie zu präsentieren, die Sie dann doch nur anschaulich und ohne Bezug zum Folientext erklären.

Manchmal kommt ein Moderator nicht umhin, komplexe Folien zu zeigen, von denen man nur Ausschnitte bespricht. Das muss man deutlich sagen, um den Teilnehmer von seinem Bestreben zu entbinden, mehr auf den Folien zu verstehen als der Moderator beabsichtigt. Ansonsten sind die Teilnehmer abgelenkt und verpassen unter Umständen wesentliche Vortragsinhalte.

3.6 Zuhörergewinnung

Rhetorische Figuren

Der Einsatz ausgewählter rhetorischer Figuren steigert das Handwerkszeug eines Moderators zur Redekunst. Schrecken Sie jetzt bitte nicht vor dem Wort Kunst zurück, bedenken Sie: Kunst hat etwas mit Können zu tun und Können ist erlernbar. Je schwieriger und abstrakter einzelne Worte und ganze Zusammenhänge sind, desto schwerer ist die Erläuterung und desto wichtiger ist die Notwendigkeit, dem Zuhörer zu helfen. Wenn Sie Ihren Bekannten gegenüber von Ihrem 2.000 Quadratmeter großen Grundstück sprechen und diese sich unter den Ausmaßen nichts vorstellen können, dann sprechen Sie doch in Zukunft von einem halben Fußballfeld. Jetzt wird anschaulich, was die Zahl alleine nicht aussagt.

Infobox

Bieten Sie Ihren Zuhörern sprachliche Verbildlichungen von dem an, was Sie sagen!

Ein weiteres Beispiel: Im vergangenen Jahr starben auf Deutschlands Straßen fast 20.000 Menschen. Diese schreckliche Tatsache wird verdeutlicht, wenn man als Vergleich die Bürgerzahl einer Kleinstadt zitiert. Auf der anderen Seite muss man sich davor hüten, schiefe Bilder, also hinkende Vergleiche, einzusetzen. Es wirkt zum Beispiel lächerlich, von einem Fass zu sprechen, dem die Krone ins Gesicht schlägt.

Setzen Sie Ihren Schlusspunkt

Gestalten Sie den Schluss Ihrer Moderation einprägsam. Hier bringen Sie den Inhalt Ihrer Moderation nochmals auf den Punkt, und zwar mit eindringlichen Worten, die Sie an dieser Stelle keineswegs vom Manuskript ablesen, sondern mit Blick geradeaus ins Publikum sprechen sollten. Sie können beispielsweise Ergebnisse kurz zusammenfassen oder einen Appell zu gezieltem Handeln verkünden, etwa: „Nehmen wir aufeinander Rücksicht! Dann wird sich auch das Betriebsklima verbessern." Das Ende Ihrer Rede vermittelt auch keine neuen Informationen mehr, sondern führt den Zuhörern noch einmal alle Vorteile vor Augen, die Ihre Argumente und Vorschläge mit sich bringen.

Jetzt können Sie die Konsequenzen betonen, in die Zukunft weisen, Wünsche wecken, Leitgedanken wiederholen, ein zugkräftiges Motto verkünden. Wer sich dagegen auf das gängige „Ich danke Ihnen, meine Damen und Herren" beschränkt, vergibt die Chance, die Teilnehmer zum Schluss noch einmal hoch- und mitzureißen.

Verstärken Sie jetzt das Gefühl der Gemeinsamkeit zwischen Ihnen und den Teilnehmern noch einmal, beispielsweise durch eine persönliche Wendung: „Sie haben erkannt, worauf es ankommt" oder: „Ich bin froh, dass wir heute so offen miteinander diskutiert haben."

> **Infobox**
>
> **Durch einen markanten Schluss überzeugen Sie nachhaltig und bleiben als Moderator in bester Erinnerung.**

Auf einen Blick

→ Analysieren Sie den Klang Ihrer Stimme und geben Sie ihr die nötige Klangfarbe.

→ Trainieren Sie das richtige Atmen: wichtig ist vor allem, dass Sie tief und voll atmen.

→ Bevor Sie Ihre Rede beginnen, atmen Sie aus!

→ Passen Sie Ihre Lautstärke an die räumlichen Gegebenheiten an.

→ Achten Sie auf Ihr Sprechtempo.

→ Verschlucken Sie die Endungen nicht.

→ Schulen Sie die Lebendigkeit Ihrer Sprache mithilfe von Synonymwörterbüchern.

→ Vermeiden Sie zu viele Hauptwörter.

→ Benutzen Sie auch rhetorische Figuren, um Fakten anschaulich zu präsentieren.

→ Beenden Sie Ihre Ausführungen wenn möglich mit einem eindringlichen Appell.

4. Informationstechniken

4.1 Die Informationsarten

Nachrichten aller Art können dem Empfänger, für den sie bestimmt sind, auf verschiedene Art und Weise übermittelt werden:

- mündlich
- schriftlich
- bildlich.

In einem Meeting herrscht die mündliche Information vor. Der Moderator wendet sich unmittelbar an die Teammitglieder oder an die einzelnen Teilnehmer. Dies genügt auch für eine reibungslose und nahezu vollständige Weitergabe. Wenn aber die Teilnehmerzahl und damit die Aufgliederung der Arbeitsbereiche und auch die Anzahl der Teams erheblich wächst, bedeutet das für den mündlichen Nachrichtenfluss oft erheblichen Zeitverlust.

Nicht selten wird sich die Vielzahl der Zwischenstufen als unerwünschter Filter erweisen; manches wird überhaupt nicht weitergegeben. Außerdem besteht die Gefahr des Missverständnisses, der falschen Auslegung des Sinnes der Information. Auch der sprachliche Ausdruck und der Ton, in dem eine Mitteilung weitergegeben wird, kann eine Rolle spielen und den Empfänger beeinflussen.

> **Wenn Sie einem größeren Kreis von Personen Informationen übermitteln wollen, tun Sie das am besten schriftlich!**

In allen größeren Meetings verwendet man daher die Schriftform, so werden z. B. Anordnungen, Vorschriften, Mitteilungen und umfangreichere Berichte, die eine größere Anzahl von Teammitgliedern und Teilnehmern erreichen sollen, schriftlich weitergegeben. Auf diese Weise lässt sich vermeiden, dass Inhalte unrichtig, entstellt oder unvollständig beim Empfänger ankommen oder falsch aufgefasst werden.

Als besonders eindrucksvolle Informationsart gilt die bildliche Darstellung durch Schaubilder, Diagramme, Muster und Ähnliches.

4.2 Die Informationsmittel

Regelmäßige bzw. gelegentliche Zusammenkünfte und Aussprachen bestimmter Teilnehmergruppen sind wichtig und dienen zur Information über Pläne der Geschäftsleitung, zur Beratung betrieblicher Probleme, zur Diskussion der Wege zur Verwirklichung neuer Ideen, zur Erörterung der Geschäftslage, zur Vorbereitung bedeutender Entscheidungen etc. Diese Konferenzen sind meist eine sehr ergiebige Quelle für die Weitergabe betriebswichtiger Informationen.

Häufig benutzen Arbeitgeber bzw. die Vertreter der Geschäftsleitung diese günstige Gelegenheit, um die gesamte Belegschaft über aktuelle, allgemein interessierende wirtschaftliche und soziale Fragen des Betriebes zu informieren.

Über welche Instrumente verfügt aber ein Moderator innerhalb des Informationswesens im Meeting? Überall sind in Gebrauch:

- mündliche Mitteilungen an einzelne Teammitglieder oder bestimmte Teilnehmer-Gruppen in Form von Ausarbeitungen, Anweisungen, Vorschriften, Verboten oder Hinweisen;
- schriftliche Mitteilungen wichtigen Inhalts; bei größeren Empfängergruppen: vervielfältigte Rundschreiben, Anschläge am Schwarzen Brett, vor allem zur Information der gesamten Teammitglieder und aller Teilnehmer (bei bestimmten Anlässen auch als Plakat, wobei hier bildhafte Darstellungen bevorzugt werden).

4.3 Die Informationsweitergabe

Wenn wir uns unter anderem mit der Rhetorik ausein-
andersetzen, dann muss am Beginn mindestens ein Fingerhut Theorie stehen. Schrecken Sie jedoch bitte nicht
vor dem Wort „Theorie" zurück. Es wird auf den Teil beschränkt, der für die Leitung eines Meetings unerlässlich
ist.

Informationen kann man jemandem auch per Zeichen
vermitteln. Denken Sie nur an den Verkehrspolizisten, der
Handzeichen gibt. Informationen können aber natürlich
auch in schriftlicher Form weitergereicht werden. Wir
wollen diese beiden Möglichkeiten im Moment weitgehend außer Acht lassen und uns dem gesprochenen Wort zuwen-
den. Information kann
definiert werden als die
Verminderung von Un-
gewissheit.

In der Informationstheorie wird die kleinste messbare
Informationsmenge als „Bit" dargestellt. Ein Bit ist ein
Verschnitt der beiden englischen Wörter „binary digit".
Bei einem Bit handelt es sich um einen Zweierschritt,
um eine „Ja-Nein"-Entscheidung. Zwei Beispiele als Il-
lustration: Wenn Sie mit dem Wagen auf einen unbe-

schrankten Bahnübergang zufahren, dann haben Sie entweder die rot blinkende Warnlampe vor Augen oder die Anlage blinkt nicht. Es wird Ihnen hier eine „Ja-Nein"-Information gegeben. Denn blinkt die Anlage, werden Sie nicht über die Gleise fahren. Blinkt sie nicht, heißt es so viel wie „freie Fahrt".

Wenn auf einem Fußballfeld vor Spielbeginn vom Schiedsrichter eine Münze hochgeworfen wird, wird durch Kopf oder Zahl der Münze bestimmt, welcher Spielführer die Seitenwahl gewinnt. Auch hier ist wieder eine „Entweder-oder"-Entscheidung gegeben: nämlich genau die Informationsmenge, die wir als Bit festgelegt hatten. Informationstheorie ist somit eine mathematische Theorie über die Gesetzesmäßigkeiten zur Ermittlung und Verarbeitung von Informationen.

Wenn wir uns der Verarbeitung von Informationen zuwenden, sind wir bei der Leistungsfähigkeit des menschlichen Gehirns angelangt. Der Informationsvorgang kann als ein Senden – Empfangen – Verarbeiten – Speichern und wieder Abgeben von Informationen verstanden werden.

Ein Mensch ist in der Lage, ca. 400 Wörter in der Minute aufzunehmen. Seine Aussprachekapazität liegt bei ca. 125 Wörtern. Diese Daten sind jedoch selbstverständlich nicht als Dauerleistungsvermögen zu verstehen. Ablenkung und abnehmende Konzentration verringern beispielsweise unser Hörvermögen von 400 Wörtern pro Minute deutlich.

Wie unterschiedlich die menschliche Aufnahmekapazität des Dargebotenen ist, je nachdem, welche Sinnesorgane beim Menschen angesprochen werden, zeigt nachfolgende Auflistung:

- nur hören: 20 Prozent
- nur sehen: 30 Prozent
- hören und sehen: 50 Prozent
- selber sprechen: 70 Prozent
- selber tun: 80 Prozent

Aus dieser Auflistung müssen wir einen wichtigen Schluss für unsere späteren Bemühungen ziehen: Der reine Vortrag hat den geringsten „Behaltwert" zur Folge! Merken Sie sich diese Tatsache für all Ihre späteren rednerischen Bemühungen und Unterweisungen. Denn das bedeutet, dass Sie bei Ihren Zuhörern nicht nur das Ohr ansprechen dürfen. Veranschaulichen Sie Ihre Aussage vielmehr durch Skizzen, Sie steigern damit den Behaltwert! Gehen Sie auf diese Weise vor, steigert sich der Behaltwert von 20 auf 50 Prozent.

> **Infobox**
>
> Bieten Sie Ihren Zuhörern auch etwas fürs Auge (Tafeln, Folien etc.).

Das menschliche Gedächtnis lässt sich als Speicher bezeichnen. Wir unterscheiden den Kurzzeitspeicher, den mittelfristigen Speicher und den Langzeitspeicher. Der Kurzzeitspeicher (Behaltdauer ca. 10 Sekunden) versetzt uns in die Lage, etwa einen längeren Satz wiedergeben zu können. Der mittelfristige Speicher gewährleistet eine Behaltdauer von 5 Minuten, während der Langzeitspeicher eine Speicherdauer von Tagen bis Jahrzehnten bietet.

Wir hatten eingangs von einem Fingerhut Theorie gesprochen und der dürfte jetzt langsam gefüllt sein. Bemühen Sie sich aber dennoch, so viel wie möglich des soeben Gelernten in den Langzeitspeicher Ihres Gedächtnisses einfließen zu lassen.

4.4 Redundanzprobleme

Die Übersetzung des Begriffs „Redundanz" mit „Überfülle" bringt zum Ausdruck, dass dieser Begriff ein bedeutsames Mittel der Verständigung ist, das dafür sorgt, Missverständnisse weitgehend auszuräumen. Eine Verständigung ist nämlich immer dann nicht mehr möglich, wenn ein gemeinsamer Zeichenvorrat nicht mehr gegeben ist. Das Wort „Zeichenvorrat" müssen wir hier wörtlich nehmen, denn es geht nicht nur um das geschriebene oder gesprochene Wort, auch Symbole anderer Art sind ja aussagekräftig.

Denken Sie in diesem Zusammenhang nur an die Verkehrszeichen, die für uns in der Bundesrepublik allgemein bekannt sind und in der Regel auch ein eindeutiges Verhalten beim Autofahrer bewirken. Bleiben wir deshalb noch einen Augenblick beim Straßenverkehr. Das Linksabbiegen ist bei uns durch Betätigung des linken Blinkers anzuzeigen. Es gilt als gefährlicher als das Rechtsabbiegen. In England, wo bekanntlich links gefahren wird, wird man eine genau entgegengesetzte Aussage treffen.

Die Aussage „Linksabbiegen gleich höchste Konzentration im Straßenverkehr" hat lediglich in Ländern mit Rechtsverkehr ihre volle Gültigkeit, also nur dort, wo ein gemeinsamer Zeichenvorrat und gleiche Voraussetzungen Gültigkeit haben. Als weiteres Beispiel nenne ich die Zahl „18". Doch was ist damit gemeint? Die Altersangabe von 18 Jahren oder war es die Aufforderung eines Skatspielers an seine Mitspieler beim Reizen?

Sie können diese Frage nicht ohne Zusatzinformationen beantworten. Wenn es aber üblich ist, dass während einer Mittagspause im Betrieb drei Arbeitskollegen ständig Skat spielen, so bedeutet das Zahlwort „18"

Infobox

Zeichen können mit mehreren Inhalten belegt werden, die man dann oft erst aus dem Zusammenhang versteht.

übersetzt: „Hast du heute Mittag Zeit, mit uns Skat zu spielen?" Ein nicht Eingeweihter wird hingegen nur den Kopf schütteln, wenn er diesem Gespräch zuhört und den angesprochenen Kollegen antworten hört: „Nein, ich habe heute Mittag keine Zeit!"

Sie sehen, dass Kommunikation ohne Redundanz undenkbar wäre. Selbst ein allgemein bekannter Zahlenvorrat gibt – wenn er ohne Redundanz gebraucht wird – keine Sicherheit, dass Informationen auch richtig verstanden werden.

Auf der einen Seite sagt man „Bekanntes langweilt" und meint damit, dass ein Moderator, der einen Gedanken in einem Meeting immer wieder ausbreitet und diesen erneut aus einer anderen Perspektive beleuchtet, mit der Zeit das Interesse seiner Zuhörer verliert. Zu viel Redundanz führt zu einer Minderung der Aufmerksamkeit.

Auf der anderen Seite wäre beispielsweise ein Schulunterricht, in dem keinerlei Wiederholungen durch den Lehrer gebracht werden würden, von zu geringer Wirksamkeit. Die Schüler wären überfordert. Es muss also einem Moderator als Informationssender gelingen, seine Informationen in

Infobox

Zu wenig Redundanz löst Irrtümer aus, zu viel Redundanz hat Langeweile zur Folge!

dem Maße mit Redundanzen anzureichern, dass dies von der Zielgruppe, die er ansprechen möchte, auch als richtig empfunden wird.

4.5 Die Bedeutung des gesprochenen Wortes

Bisher haben Sie gesehen, dass Kommunikation nur unter der Bedingung stattfindet, dass auch ein gemeinsamer Zeichenvorrat gegeben ist. Geschieht die Informationsübertragung in der richtigen Weise, löst sie ein Echo aus, aus dem sich ein Gespräch – ein Ergebnis – ergeben kann. Eine gute Gesprächsfähigkeit wird dabei oft helfen, denn sie ist das wichtigste Überzeugungsmittel in der Begegnung mit Menschen.

Wenn wir das gesprochene Wort als direktes Verständigungsmittel zwischen den Menschen bezeichnen, dann fällt unserer Sprache eine Hauptrolle zu. Unsere Sprache ist eine Lautfolge, die durch Atem und Sprechwerkzeuge unsere Gedanken, Gefühle und Absichten formuliert. Die Sprache bietet dem Einzelnen eine unendliche Fülle von Aus-

Infobox

> Nutzen Sie die manigfaltigen Möglichkeiten der Kommunikation, um genau das auszudrücken, was Sie auch vorhatten zu vermitteln.

drucksmöglichkeiten: Jeder kann sie nach seinen eigenen Möglichkeiten im Rahmen der grammatikalischen Regeln benutzen.

Der Ausdrucksvielfalt und dem Individualismus sind kaum Grenzen gesetzt. Nutzen Sie von daher als Moderator in Meetings diese vielseitigen Möglichkeiten, damit auch bei Ihnen der alte Spruch ein positives Urteil ergibt: „Sprich, damit ich dich sehe!" Denn eines dürfen Sie nie vergessen: Die Kunst des Überzeugens geht in erster Linie vom gesprochenen Wort aus!

Wiederholungen und Wortgegenüberstellungen

Durch die Wiederholung wichtiger Gedanken wird der Zuhörer gezwungen, sich mit dem Extrakt der Rede nochmals auseinander zu setzen. Der Text kann hierzu wörtlich wiederholt werden oder der Moderator greift etwas zuvor Gesagtes auf und vertieft diesen Gedanken. Wir sprechen dann auch von Verdeutlichung. Ebenso ist der umgekehrte Fall denkbar, in dem man einen zuvor breit dargelegten Text in seinen Kerngedanken noch einmal zusammenfasst und den Meetingteilnehmern anbietet.

Licht – Schatten, positiv – negativ, Theorie – Praxis: Das sind Wortgegenüberstellungen, aus denen sich sehr schnell Gegensätze formulieren lassen. Auch der bewusste Einsatz von Gegenständen gehört zu den Redefiguren, die man gezielt einsetzen kann, um die Wirkung des Gesagten zu erhöhen. Von einer rhetorischen Frage sprechen wir, wenn wir eine Frage meinen, auf die wir die Antwort selbst geben. Diese Frage dient der schönen Rede, sie soll den Zuhörer anregen, den kommenden Gedanken des Moderators zu folgen.

Dabei sollte auch der Humor in einer Rede nicht zu kurz kommen. Humorige Einlagen dürfen allerdings nicht in Clownerie ausarten. Mit einem Scherz an der richtigen Stelle lockert man die Stimmung der Zuhörer wieder auf. In einen Scherz sollte sich der Moderator durchaus mit einbeziehen, denn Goethe sagte schon: „Wer sich nicht selbst zum besten haben kann, der ist gewiss nicht von den Besten."

Denken Sie deshalb daran: Moderatoren werden nicht „geboren", Reden ist erlernbar – durch ständiges Üben, durch die bewusste Wahl der Worte und durch eine gute Artikulation.

Auf einen Blick

→ Geben Sie Informationen für einen größeren Teilnehmerkreis immer schriftlich weiter.
→ Wiederholungen müssen sein, um das Gehörte

besser behalten zu können. Aber vermeiden
Sie zu viele Wiederholungen.
→ Ein kleiner Scherz an der richtigen Stelle kann
einen Vortrag auflockern.
→ Setzen Sie verschiedene Medien zur Unter-
stützung der Aussagen ein und bieten sie
unterschiedliche Kommunikationsformen.
→ Nur Vorträge zu hören ist langweilig. Video-
filme, Gesprächsrunden, Podiumsdiskussionen,
Gruppenarbeiten u. a. bieten Abwechslung.
→ Wählen Sie das Thema Ihrer Tagung sorgfältig
aus und sorgen Sie für eine ausreichende
Vorbereitung.

5. Kommunikationstechniken

5.1 Erfolgreiches Kommunizieren

Wozu müssen wir Menschen Kommunikationstechniken erlernen? Haben wir verlernt, miteinander zu sprechen? Durch die Entwicklung der neuen Kommunikationssysteme und Medien verkümmert das Gespräch mit- und untereinander. Zudem eilen die Menschen von einer Aufgabe zur anderen, von Termin zu Termin, sodass einer der uns geläufigsten Sätze „Ich habe keine Zeit" ist.

Es ist tatsächlich möglich, dass z. B. Menschen in einem Zugabteil auf der Fahrt von München nach Frankfurt lediglich vier Worte miteinander wechseln, nämlich „Guten Tag" beim Einsteigen und „Auf Wiedersehen" beim Aussteigen. Mitunter nicht einmal das. Während der gesamten Reisedauer sitzen sie sich stumm, oft hinter Zeitungen und Büchern versteckt, gegenüber. Unterhaltung wird höchstens dann zustande kommen, wenn Kinder durch ihre Natürlichkeit und Spontaneität die Anwesenden zu einem Gespräch ermuntern.

Haben wir unsere Natürlichkeit verloren? Haben wir verlernt, uns anderen Menschen einfach mitzuteilen? Und: Warum mangelt es uns so sehr an der Bereitschaft, dem anderen zuzuhören? Es ist oftmals die fehlende

Fähigkeit, sich natürlich, verständlich und menschlich auszudrücken. Diese Ohnmacht hat hundertfache Gründe und Ursachen. Und die Unfähigkeit, bestmöglich seine Wünsche, Vorstellungen und Bedürfnisse kundzutun, wird von Mensch zu Mensch unterschiedlich sein.

Trotz alledem sollte sich jeder Moderator den Satz vor Augen halten: „Tue das, was du fürchtest, und die Furcht stirbt einen sicheren Tod." Dieser Satz ruft zur aktiven Mitarbeit auf. Denn das Wertvollste im Leben ist die Entfaltung der Persönlichkeit und ihrer schöpferischen Kräfte. An diesem Satz lässt sich ermessen, dass der persönliche Entfaltungsspielraum zu den wesentlichsten und wichtigsten Voraussetzungen für den Menschen – für den Moderator – gehört.

> **Infobox**
>
> Drücken Sie sich klar und deutlich aus und hören Sie anderen konzentriert zu!

Das Beherrschen der Redekunst ist eines der wichtigsten Instrumente der Menschenbeeinflussung. Die Macht der Überzeugung ist die Voraussetzung für aktive Mitarbeit. Durch die Unfähigkeit, sich klar und präzise auszudrücken, werden Millionen-Euro-Verluste verzeichnet, z. B. durch Missverständnisse und Kommunikationsfehler. Wie viele Flugzeugkatastrophen sind allein auf Kommunikationsfehler zurückzuführen?

Alle neuen Ideen, Entwicklungen und Veränderungen müssen letzten Endes in Meetings oder Konferenzen durch die Sprache überzeugend vermittelt bzw. erarbeitet werden. Denn:

- gesagt bedeutet noch lange nicht gehört ...
- und gehört bedeutet nicht verstanden.
- Verstanden bedeutet nicht: einverstanden ...
- und einverstanden bedeutet nicht: behalten.
- Behalten bedeutet nicht: angewandt ...
- und angewandt bedeutet nicht: Verhaltensänderung!

Diese wenigen Sätze zeigen die Tragweite und Schwierigkeit der Übermittlung von Informationen und ihres optimalen kontinuierlichen Einsatzes. Zwischen der Idee und ihrer Realisierung liegt ein sehr weiter Weg, der mit vielen Übermittlungsschwierigkeiten gepflastert ist.

Missverständnisse entstehen vor allem durch persönliche Hemmungen und Unzulänglichkeiten, durch die fehlende Fähigkeit, das zu sagen, was man sagen möchte sowie durch fehlendes Einfühlungsvermögen, durch einen falsch gewählten Gesprächszeitpunkt, durch zu schwierige und zu komplizierte Formulierungen und durch ein zu geringes psychologisches Geschick. Diese und viele weitere Faktoren sind die Gründe, warum die alltägliche Kommunikation – so viele Meetings und Konferenzen – oft keine besseren Ergebnisse hervorbringen.

Die Vorteile einer besseren Kommunikation für den Moderator

Persönliche Fähigkeiten: Abbau von Hemmungen und Lampenfieber, mehr Selbstsicherheit, mehr Selbstbewusstsein, bessere Stimmtechnik, klarere und präzisere Aussage, mehr Überzeugungskraft, bessere Selbstorganisation, Ausbau und Entwicklung der pädagogischen und psychologischen Fähigkeiten, die Fähigkeit aus dem Stegreif zu sprechen, besserer Einsatz der Redemethoden und Sprechinstrumente, die Fähigkeit andere besser zu motivieren, bessere Durchsetzungskraft der Ideen, mehr Spontaneität und Schlagfertigkeit, Erkenntnis der Grenzen und Möglichkeiten der Einsatzmittel etc.

Persönliche Erfolge: bessere Kommunikation, Überwindung der Angst vor Gruppen zu sprechen, besseres psychologisches Einfühlungsvermögen, mehr Einsicht und Verständnis für andere, das Erkennen der Notwendigkeit besser zuzuhören, die positive Einstellung zu sich und seiner Umwelt, bessere Auseinandersetzung im Bereich der Zielsetzungen, Beherrschung der fairen und unfairen Dialektik.

Berufliche Möglichkeiten: mehr Durchsetzungskraft bei Diskussionen und Konferenzen, bessere Beherrschung der Vortragskunst für verschiedene Situationen und Gelegenheiten, besserer Blick für neue Quellen und Fundgruben, schneller und besser überzeugen durch gekonnte Präsentationstechnik, Einsatz und Beherrschung neuer technischer Hilfsmittel, besserer Einsatz visueller Hilfsmittel.

Der Kommunikationsprozess

Der Kommunikationsprozess zwischen einem Moderator und seinen Konferenzteilnehmern läuft wie folgt ab: Der Moderator hat eine ganz bestimmte Zielsetzung, die er mit seinem Gespräch verfolgt (Zielsetzung bitte nicht verwechseln mit Aufdrängen von Fakten, denn diese werden gemeinsam durch die Teilnehmer erarbeitet!). Informationen, Nachrichten oder seine Meinung versucht der Moderator, durch die Sprache, die Mimik und Gestik seinen Zuhörern deutlich zu machen. Die Teilnehmer nehmen diese Mitteilung mit ihren Ohren, ihren Augen und ihren Gefühlen auf. Diese Aufnahme ist allerdings von dem Grad des Interesses und der Aufmerksamkeit abhängig.

Nur dann, wenn der Empfänger diese Nachricht auch aufnimmt, kann er diese auch verarbeiten – er beginnt, den Moderator zu verstehen. Sich dem Partner gegenüber zu öffnen, d. h. gegenüber den Konferenzteilnehmern, gehört zur Voraussetzung für das Erreichen der Zielsetzung. Doch leider sind wir Menschen heute fast alle dahin erzogen worden, dass wir immer versuchen wollen, möglichst sachlich (verbal) und nüchtern an die Dinge heranzugehen.

Auch Ihre persönliche Ausstrahlung hinterlässt bei den Konferenzteilnehmern einen grundlegenden Eindruck, den Sie mitbestimmen können!

Aber gerade durch dieses „Sich-persönlich-näher-kommen" oder auch „-entfernen" erreichen wir eine viel schnellere Entscheidung, sei es nun eine Zu- oder eine Absage. Denn jede Zu- oder Absage erhalten wir von einem Menschen, mit dem wir kommuniziert haben, und nicht von einem Roboter. Haben Sie sich wirklich schon einmal gefragt, was eigentlich im Moment der Kommunikation mit uns geschieht? Wissen Sie wirklich, was Ihre Sinne wahrnehmen? Wissen Sie wirklich, was Sie in diesem Moment empfinden? Wissen Sie wirklich, was Sie denken? Oder präziser formuliert: Kennen Sie wirklich Ihr Ziel?

Wie handeln Sie und wie äußern Sie als Moderator Ihre Gedankengänge? Denn nur derjenige, der sich auch selbst kennt und versteht, besitzt auch die Fähigkeit, andere Menschen zu verstehen. Die meisten Missverständnisse kommen nur deshalb zustande, weil zu viel gedacht und gehandelt wird, ohne die eigenen Wünsche, Erwartungen, Einstellungen usw. klar zu sagen und zu erkennen zu geben. Noch weniger wird daran gedacht, die Wünsche, Erwartungen usw. des Gesprächspartners zu erkennen und sie zu berücksichtigen.

Der Grund: Kommunikation ist ein grundlegender psychosozialer Prozess, der eine Verhaltensänderung beim Empfänger bewirkt, seine Grenzen, Einstellungen, Erwartungen, Interessen, seinen Wissensstand und seine Gefühle zu erfahren begehrt. Wir müssen wieder lernen, uns selbst, unser Ich, mit in die Kommunikation einzubringen. Wir müssen die Fähigkeit erwerben, für uns selbst zu reden, unser Tun und Handeln zu veranschaulichen und unsere Gefühle und Ziele klar zum Ausdruck zu bringen.

Die negative Selbstbeeinflussung

Die negative Selbsteinstellung eines Moderators ist psychologisch völlig falsch, weil sie eine geistige Blockade verursacht. Einige Moderatoren sagen auch schon voraus, an einer bestimmten Stelle des Textes stecken zu bleiben. Wenn sie dann am nächsten Tag reden, bleiben sie wahrhaftig genau an dieser Stelle stecken. Sie haben durch ihre negative geistige Programmierung das Problem herbeigeführt. Die Selbstbeeinflussung im positiven Sinne ist dagegen weitaus vorteilhafter für Problemlösungen.

> Infobox
> **Denken Sie grundsätzlich positiv!**

Oft hört man Moderatoren im Nachhinein sagen: „Eigentlich wollte ich etwas ganz anderes sagen." Natürlich ist dies nicht Sinn der Sache. Deshalb muss jeder Moderator lernen, sich an den „roten Faden" zu halten.

131

Vielen Moderatoren ist zudem auch nicht ganz klar, was die Konferenzteilnehmer eigentlich von ihm erwarten. Auch hier sehen wir wieder, wie groß die Bedeutung der Zuhörer-Vorabinformationen ist. Selbstverständlich sind die Erwartungen der Konferenzteilnehmer recht unterschiedlich und diffizil, jedoch können und sollten Sie schon im Vorfeld einige interessante Fakten und Daten erfragen.

Sie erhalten auf diese Weise wichtige Anhaltspunkte für Ihre Ausarbeitung der Problemlösung. Manche Moderatoren „verzetteln" sich in Konferenzen vollkommen und kommen in ihrer Moderation vom Hundertsten ins Tausendste. Wer diesen Fehler erkannt hat, ist bereits auf dem richtigen Weg. Viel schlimmer ist es nämlich, wenn ein Moderator gar nicht bemerkt, dass er ausschweifend und weit ausholend daherredet.

Sicher: Eine Idee führt oft zur nächsten und eine Ausführung zur anderen. Aber hier hilft nur eines: ein gut durchdachtes Manuskript, das sich auf die wichtigsten Aussagen beschränkt und vielleicht auf der einen oder anderen Seite den Vermerk enthält: „Achtung, roter Faden!" oder „Achtung, nicht abschweifen!" Eine gute Übung hierfür ist übrigens die „Drei-Minuten-Rede". Durch die stark limitierte Zeitspanne und durch ein vorgegebenes Thema wird automatisch geübt, sich Beschränkungen in den Aussagen aufzuerlegen. Denn be-

Ein gut durchdachtes Manuskript ist der erste Schritt zu einer gelungenen Moderation!

kanntlich ist es schwerer, eine Rede von nur drei Minuten Dauer zu halten als eine von dreißig Minuten.

Ein gut angefertigtes Stichpunktmanuskript (nach Möglichkeit auf Karten) und der eiserne Wille, sich an dieses zu halten, sind die beste Gewähr, dass Sie weder den roten Faden verlieren noch die festgelegte Gesamtzeit der Konferenz überschreiten. Man verhindert damit auch eine Diskrepanz zwischen dem Gesagten und dem, was tatsächlich aufgenommen und verstanden wird. Denn gerade hierin liegt das Problem der Botschaftsübermittlung innerhalb einer Konferenz.

Was verbal aufgenommen wird, läuft durch verschiedene Filter und die Endbotschaft wird von Teilnehmer zu Teilnehmer sehr unterschiedlich aufgenommen. Gerade aus diesem Grund sollte sich ein Moderator bemühen, eine bessere Verständigung durch die verbale und nonverbale Sprache zu erreichen, um so Fehler und Missverständnisse zu minimieren. Vergessen Sie dabei nicht, dass Sie so sein werden, wie Sie sich selbst einschätzen: sei es nun stark oder schwach, geschlagen oder erfolgreich – denn ein Moderator ist immer das, was er denkt.

Sprechen Sie Teilnehmer orientiert

Begehen Sie als Moderator niemals den Fehler, eine Moderation anzunehmen, deren Thematik Sie nicht grundlegend beherrschen. Sie tun sich damit keinen Gefallen. Wer andere Menschen gewinnen will, muss selbst ein guter Zuhörer sein. Wenn Sie schon einmal einen anderen unbedingt tadeln oder kritisieren müssen, dann tun Sie es vorsichtig. Versuchen Sie stets, die Ansichten der Teilnehmer zu achten und vermeiden Sie es, andere immer zu belehren.

Um sich Ihrer psychologischen Einstellung zum Moderieren bewusst zu werden, sollten Sie sich die folgenden Fragen beantworten:

- Wie ist Ihre Grundeinstellung zum Moderieren?
- Haben Sie Angst vor Blamage und Misskredit?
- Glauben Sie an Ihren Moderationserfolg?
- Können Sie sich selbst positiv motivieren?
- Sind Sie ehrgeizig?
- Bereiten Sie sich immer gründlich vor?
- Haben Sie bei Besprechungen und Konferenzen Angst oder fühlen Sie sich unwohl?
- Überzeugen Sie Menschen gerne?
- Hängen Sie sehr von der Meinung anderer ab?
- Können Sie auf andere Menschen eingehen?
- Lassen Sie sich durch Zwischenrufe oder brenzlige Fragen leicht aus dem Konzept bringen?

Zielsetzungen und Teilnehmeranalyse

Die Zielsetzung und die Teilnehmeranalyse sind sehr wichtig. Bevor Sie anfangen, Ihre Moderation auszuarbeiten, ist es klug festzulegen, was Sie in diesem Meeting, dieser Konferenz, bei Ihren Teilnehmern erreichen wollen. Sie möchten die Akzeptanz Ihrer Ideen erreichen und die Teilnehmer zum Handeln auffordern. Dazu müssen Sie zuerst einige Analysen durchführen. Folgende vier Bereiche spielen dabei eine wichtige Rolle:

- die Erwartungen und das Ziel des Auftraggebers;
- Ihre eigenen Erwartungen und Ihre Zielsetzung;
- die Erwartungen und die Wünsche der Teilnehmer;
- die allgemeine Organisation und der Ort der Durchführung.

Diese mitunter sehr unterschiedlichen Ziele und Erwartungen lösen beim Moderator Probleme und Schwierigkeiten aus. Der unerfahrene Moderator kann nämlich gar nicht selbst ermessen, was so alles auf ihn zukommen kann. Selbst bei intensiver Erwägung aller möglichen Probleme passieren noch unerwartete Dinge. Eine entscheidende Frage ist, wie Sie selbst zu dem Auftrag stehen. Hier deshalb einige Fragen, die Sie sich selbst stellen und beantworten sollten:

- Warum sollen Sie diese Moderation, diesen Vortrag, diese Präsentation halten?

- Wurden Sie als Redner empfohlen? Wenn ja, durch wen?
- Soll Ihre Darbietung eine Chance oder etwa eine Falle sein?
- Werden Sie durch die Behandlung dieses Themas Erfolg oder Misserfolg ernten?
- Welche Gefahren und Risiken müssen Sie einkalkulieren?
- Welche Chancen und Möglichkeiten haben Sie durch die Ausführung dieses Auftrages?
- Sollen Sie nur als „Lückenbüßer" einspringen?
- Möchten Sie persönlich wirklich diese Moderation, diesen Vortrag oder diese Präsentation halten, und können Sie sich voll mit der Thematik identifizieren?
- Kennen Sie die Erwartungen der Auftraggeber und die organisatorischen Voraussetzungen?

Die Betrachtung dieser und weiterer Punkte ist für Sie als Moderator sehr wichtig. Dabei sollten Sie auch noch bedenken, dass Ihnen nicht alle Menschen Wohlwollen entgegen bringen, es gibt genügend Neid und Missgunst. Einige Vorgesetzte und Kollegen meinen es nicht immer unbedingt gut mit Ihnen. Sie können Ihren guten Namen schnell verlieren. Aber Sie können sich ebenso einen guten Namen machen! Stellen Sie sich also die wichtige Frage: Besitze ich wirklich die notwendigen Fähigkeiten und Voraussetzungen, diese Darbietung, diese Moderation zu bringen?

Einige weitere Fragen, mit denen Sie sich Klarheit verschaffen können, sind folgende:

- Haben Sie selbst genügend Stoff, Ideen, Quellen und Fundgruben?
- Können Sie die Thematik mit gutem Gewissen annehmen und moderieren?
- Müssen Sie diese Moderation annehmen oder können Sie – ohne Gesichtsverlust – auch ablehnen?
- Haben Sie genügend Kenntnisse auf diesem Fachgebiet, um wirklich etwas bieten zu können?

Denken Sie insbesondere auch über Ihren Teilnehmerkreis und dessen Erwartungen nach. Durch diese Analyse vermeiden Sie gleich zu Beginn Ihrer Moderation grobe und fahrlässige Fehler. Beantworten und beleuchten Sie deshalb auch noch die folgenden Fragen:

- Kommen die Teilnehmer freiwillig oder werden sie geschickt?
- Haben Sie persönliche Konkurrenten in der Gruppe?
- Sind Ihre Teilnehmer Ihnen gegenüber negativ oder positiv eingestellt?
- Werden höher gestellte Personen wie Chefs, Vorstandsmitglieder usw. an dieser Konferenz teilnehmen?
- Haben Sie mit Vorurteilen zu rechnen?
- Welche störenden „Leithammel" sind zu erwarten?

- Stehen die Teilnehmer unter Zeitdruck?
- Wird Ihre Moderation aus Zeitmangel gekürzt?

Sie sehen, es sind viele Punkte, die genau durchdacht werden sollten. Eine falsche Einschätzung hierbei kann nämlich den gesamten Erfolg der Konferenz in Frage stellen. Denn einer der wichtigsten Grundsätze heißt auch: „Beherrsche dein Thema!" Ein Thema vom Punkt Null an völlig neu zu erarbeiten, kostet sehr viel Zeit und Mühe. Das wird allzu häufig unterschätzt. Daraus resultieren dann auch die Schwierigkeiten, die Zielsetzung bei Konferenzen oder Meetings einzuhalten.

5.2 Wahl der Kommunikationsmittel

Wer optimal kommunizieren will, für den ist es wichtig, das dazu geeignete Kommunikationsmittel zu finden. Es ist erstaunlich, wie viele Menschen tagein, tagaus denselben Weg gehen, ohne dabei ihre Umwelt wirklich bewusst wahrzunehmen. Gewiss, wir leiden alle unter einer Überflutung von Informationen. Dennoch sollte ein Moderator, der ja Informationen vermitteln will, seine Augen und Ohren ständig für neue und außergewöhnliche Informationen offen halten.

Denn für die Erarbeitung eines Themas benötigt ein Moderator neben seinen eigenen Zutaten, die aus seinen

Erfahrungen, seinem Fachwissen, seinen Kenntnissen und Erlebnissen resultieren, auch solche, die er aus dem Erfahrungsgut seiner Umwelt, anderer Zeitgenossen und Fremdsituationen sammeln muss. Mit anderen Worten: Sie müssen Fundgruben und Quellen ausfindig machen, aus denen Sie schöpfen können, was Ihnen an eigenem Material fehlt.

Die Schwierigkeit ist in diesem Zusammenhang die Archivierung. Man erfährt im Laufe der Zeit so viel Neues, dass man am Ende oft einen Gedankensalat hat, aber nichts richtig weiß. Bewährt hat sich ein Karteisystem. Gute Moderatoren besitzen meist ein solches System und archivieren alles Erdenkliche, beispielsweise Ideen für Folientransparente. Dies alles können wir, wenn wir bewusst danach Ausschau halten, überall finden, z. B. in Zeitschriften, nationalen und internationalen Tageszeitungen, Fachzeitschriften, Firmenarchiven, Bibliotheken, Fachbüchern, Katalogen und Broschüren, Ausstellungen, Messen usw. Erstellen Sie sich selbst eine Quellenliste, die Sie bei Bedarf ergänzen sollten.

> **Infobox**
>
> **Archivieren Sie sämtliches Material, das Sie zu einem von Ihnen zu moderierenden Thema finden können!**

Wenn Sie Zeitungen, Zeitschriften, Bücher oder Broschüren lesen, dann lesen Sie bewusst, am besten gleich mit Farbstift zum Markieren entsprechender Stellen. Sprechen Sie mit Fachleuten über Ihr Thema. Lassen Sie sich in entsprechende Verteilerlisten aufnehmen. Besuchen Sie so oft wie möglich Seminare, denn hier bekommen Sie in jedem Fall neue Anregungen. Hören Sie sich Vorträge an, wann immer es Ihre Zeit erlaubt. Pflegen Sie so häufig wie irgend möglich den Umgang mit kreativen Menschen.

Wenn Sie die Liste der Personen zusammenstellen, die Ihnen als Ideenspender dienen könnten, dann denken Sie vor allem an Ihre Kollegen, Mitarbeiter, Mitglieder von Organisationen, Unternehmensberater, Seminarteilnehmer, Dozenten und Referenten, Familienangehörige oder Freunde. Halten Sie Ihre Augen offen, wenn Sie sich in Büros, Wartezimmern usw. aufhalten. Eine weitere interessante Quelle ist auch der Literaturhinweis am Ende vieler Bücher, der über andere Bücher in der entsprechenden Fachrichtung Aufschluss gibt.

Alle guten Fundgruben nutzen aber nichts, wenn Sie nicht die daraus gewonnenen Resultate notieren und sinnvoll archivieren. Manchmal hat man zu Beginn einer Ausarbeitung überhaupt keinen Einfall. Wenn Sie allerdings mit einer Ideenkartei umzugehen wissen, wird sich Ihr Denkapparat bald in Bewegung setzen und Ihnen einige interessante Ansätze bieten. Halten Sie also die Augen und Ohren immer offen, es macht sich bezahlt.

Der Grund: Fakten und Daten müssen in Fachvorträgen und Konferenzen sein. Einige Moderatoren bringen jedoch einfach zu viele trockene und nüchterne Komponenten in Ihrer Moderation unter. Ihr Hang zu Zahlen, Tabellen und Statistiken ist schon allgemein bekannt. Eine Moderation lebt aber davon, dass sie „Verankerungsideen" enthält. Auch im Fernsehen werden nicht nur Krimis gesendet. Das Programm ist mitunter eine unschätzbare Fundgrube für jeden, der wirklich Informationen sammeln will; ebenso natürlich entsprechende Radiosendungen. Sammeln Sie neben Texten auch Diagramme, Skizzen, grafische Darstellungen usw., die Sie zur Visualisierung Ihrer Moderation verwenden können.

Infobox

Visualisieren Sie die vorzutragenden Fakten und Daten!

Lassen Sie Ihre Gesprächspartner stets wissen, an welchen Informationen und Hinweisen Ihnen besonders gelegen ist, und Sie werden sehen, dass man Ihnen in den meisten Fällen bereitwillig entgegenkommt. Finden Sie auch heraus, welche Verbände und Organisationen sich mit Ihrer Thematik befassen. Oder waren Sie in der letzten Zeit einmal auf dem Speicher oder im Keller – je nachdem, wo Sie Ihre alten Unterlagen aufbewahren? Sie glauben gar nicht, wie viel sich dort angesammelt hat, und manches ist noch gar nicht überholt. Anderes, in Vergessenheit Geratenes, ist vielleicht heute wieder aktuell und brauchbar. Sie sehen – es lohnt sich die Dinge aufzubewahren. So stellen Sie sich eine wahre Fundgrube für spätere Zeiten zusammen.

Besorgen Sie sich von Verlagen eine Auflistung sämtlicher auf dem Markt befindlicher Fachbücher und -zeitschriften. Entwickeln Sie einen Spürsinn für neue Informationsquellen. Stoßen Sie dabei auf eine besonders interessante Sache, so versuchen Sie die Adresse herauszufinden, schreiben am besten sofort hin und fordern weitere Informationen an, sonst gerät sie zu leicht in Vergessenheit.

Nutzen Sie die Vorteile eines Diktiergerätes

Zur Moderationsvorbereitung, in Konferenzen, bei Besprechungen, kurz überall dort, wo Notizen gemacht werden müssen, kann man das Diktiergerät sehr gut einsetzen. Das Diktiergerät lässt sich beispielsweise für die schnelle Informationsübermittlung zwischen den Mitarbeitern einsetzen. Außendienstmitarbeiter können so z. B. Kundenbesprechungen und wichtige Notizen direkt nach einem Gespräch diktieren. Ebenso können kurze Memos zwecks einer schnellen Erledigung auf das Band gesprochen werden.

Weiterer Vorteil: Das Handdiktiergerät kann man überall hin mitnehmen, denn es nimmt kaum Platz weg. Man kann es im Auto, in der Bahn oder im Flugzeug dabei haben, gute Einfälle können sofort festgehalten werden. Auch für die Vorbereitung einer Moderation können Sie das Gerät sehr gut nutzen, indem Sie alle Gedanken, die Ihnen zur Thematik einfallen, erst einmal einfach nur diktieren. Diese „Notizen" können Sie dann später entsprechend sortieren, klassifizieren und bei Bedarf zu Rate ziehen.

> **Infobox**
>
> Mit einem Diktiergerät können Sie jederzeit gute Einfälle festhalten!

Die Zeit und Mühe, die Sie aufwenden, sind notwendig, um einen guten Erfolg in der Übermittlungsphase zu gewährleisten. Nichts kann über eine schlechte Vorbereitung hinwegtäuschen. Natürlich sind Zeit und Ruhe wichtige Voraussetzungen, um diese Arbeiten durchführen zu können. Wenn Sie dann alles gründlich erforscht und durchdacht haben, können Sie jetzt an Ihre Moderation denken.

Das Manuskript

Das gebräuchlichste Hilfsmittel ist und bleibt das Manuskript. Allerdings birgt die Verwendung dieses Hilfsmittels nicht nur Vorteile, sondern auch einige Gefahren in sich, die besonders dem Anfänger nicht immer bekannt sind. Wir werden darauf später noch zurückkommen. Zuerst einmal stellt sich für Sie die Frage: Wie gehen Sie vor? Nehmen Sie sich ein Stück Papier, auf keinen Fall dürfen Sie zu eng schreiben oder das Blatt ohne Einhaltung großzügiger Randzonen voll schreiben. Für Änderungen haben Sie dann nämlich kaum Platz. Und die werden immer notwendig sein, denn selten ist der erste Entwurf makellos.

Ist das vorläufige Manuskript verfasst, dann üben Sie Ihre Moderation einige Male vor dem Spiegel. Manche verlieben sich so in Ihre Moderation, dass sie sie weitgehend auswendig lernen. Sie meinen, dass das Auswendiglernen eine sichere Methode ist, aber mit dieser Methode sind auch einige Probleme verknüpft. Ein unerwarteter Zwischenruf kann Sie leicht aus dem Konzept bringen.

Weiteres Problem: Sie stehen vor Ihren Konferenzteilnehmern, greifen in die Innentasche Ihrer Jacke, ziehen das zusammengefaltete Manuskript hervor, falten es auseinander und legen es auf das Pult. Mehrmals streichen Sie mit der Hand über das Blatt, bis es endlich flach liegt. Dabei schauen Sie die erwartungsvollen Zuhörer freundlich an: „Meine sehr verehrten Damen und Herren ..."

> Infobox
>
> **Ein Manuskript sollte genug Raum für Korrekturen beinhalten und gut lesbar sein!**

Die gelesenen Anfangssätze sprechen Sie frei. Allerdings wird es nun schon schwieriger – wenn Sie Ihr Manuskript nun auch noch zu eng beschrieben haben, können Sie es nur mühsam entziffern. Schon wenn Sie das Manuskript schreiben, sollten Sie daher die Entfernung der Augen vom Manuskript richtig einschätzen. Wenn Sie diese Entfernung nämlich falsch eingeschätzt haben, sind Sie gezwungen, sich zu dem Manuskript hinunterzubeugen. Dadurch können Sie nicht mehr richtig atmen, die Lautstärke leidet darunter, in den hinteren Reihen sind sie schon nicht mehr zu verstehen.

Einige Zeilen klappen noch recht gut, aber bald rufen die ersten Teilnehmer schon: „Lauter bitte!" Sie schauen erschrocken auf, um festzustellen, woher die Rufe kommen, und schon haben Sie die richtige Zeile verloren. Funkstille, bis Sie die Zeile wieder gefunden haben, was bei einem eng beschriebenen Manuskript dauern kann. So geht es dann natürlich weiter. Entweder Sie sind nicht mehr zu hören oder Sie verlieren die Zeile. Die Sätze erscheinen Ihnen endlos lang und dabei müssen Sie auch noch an die richtige Betonung denken.

Ein weiterer Nachteil des Ablesens ist, dass Sie keinen Augenkontakt und dadurch keine Beziehung zu Ihren Konferenzteilnehmern haben, also auch keinerlei Zuhörerrückkoppelung. Außerdem macht es keinen guten Eindruck, wenn Sie förmlich am Manuskript kleben. Schauen Sie sich deshalb auf den Skizzen an, wie ein Moderationsmanuskript nicht aussehen bzw. wie es aussehen sollte:

```
—xx—xx—xx—xx—xx—xx—xx—xx—xx—xx—xx—-xx—
xx—xx—xx—xx—xx—xx—xx—xx—xx—xx—xx—xx—xx—
xx—xx—xx—xx—
 —xx—xx—xx—xx—xx—xx—xx—xx—xx—xx—xx—-xx—
xx—xx—xx—xx—xx—xx—xx—xx—xx—xx—xx—xx—xx—
xx—xx—xx—xx—
 —xx—xx—xx—xx—xx—xx—xx—xx—xx—xx—xx—-xx—
xx—xx—xx—xx—xx—xx—xx—xx—xx—xx—xx—xx—xx—
xx—xx—xx—xx—
 —xx—xx—xx—xx—xx—xx—xx—xx—xx—xx—xx—-xx—
xx—xx—xx—xx—xx—xx—xx—xx—xx—xx—xx—xx—xx—
xx—xx—xx—xx—
 —xx—xx—xx—xx—xx—xx—xx—xx—xx—xx—xx—-xx—
xx—xx—xx—xx—xx—xx—xx—xx—xx—xx—xx—xx—xx—
xx—xx—xx—xx—
```

Abb.: Manuskript zum Ablesen (falsch: zu viel Text)

Wenn schon ablesen, dann wenigstens so:

```
xx xx xx xx xx xx xx xx xx xx xx xx xx xx xx
xx xx xx xx xx

xx xx xx xx xx xx xx xx xx xx xx xx xx xx xx
xx xx xx xx xx
```

Abb.: Manuskript zum Ablesen (richtig: leichter abzulesen)

Die Vorteile: übersichtlicher für den Moderator; leichter und besser abzulesen; bessere Atemtechnik ist gewährleistet; das Satzende tritt besser hervor; ein Signal, die Stimme zu heben oder zu senken; Textstellen werden leichter gefunden; das zu schnelle Sprechen wird automatisch reduziert; wenigstens etwas Blickkontakt wird dadurch ermöglicht.

Auch Stichpunktkarten werden Ihnen bei Ihrer Moderation eine wertvolle Hilfe sein. Kaufen Sie sich hierzu Kärtchen im Format 14,5 cm mal 10,5 cm oder 21 cm mal 14,5 cm. Wenn Sie farbige Karten wählen, ist Gelb zu empfehlen, weil es die Schrift deutlich hervortreten lässt. Dieses System bringt Ihnen unter anderem folgende Vorteile: wenig Verwirrung, weil nur Schwerpunkte notiert sind. Sie brauchen sich nicht mit dem Ablesen herumzuquälen. Sie können frei und lebhaft sprechen.

Die Karten verhindern zudem, dass Sie Ihren roten Faden verlieren. Die Methode führt Sie auf den Weg zur freien Rede. Die Karten sind ganz besonders leicht zu handhaben, sie können leicht sortiert oder ausgetauscht werden und sie sind übersichtlich.

Optischer Aufbau der Unterlagen

Zu den flankierenden Maßnahmen, die Ihnen helfen, sicher um die Moderationsklippen herumzukommen, gehört die gewissenhafte Vorbereitung der Unterlagen. Achten Sie deshalb auch darauf, dass alle Manuskriptblätter einseitig beschrieben und durchnummeriert sind. Es wirkt nämlich ausgesprochen störend, wenn während Ihrer Moderation ein ständiges Umdrehen der Blätter erfolgt. Zumal hier auch leicht die Gefahr des Verheddderns besteht, und dieser wollen wir durch sorgfältige Vorbereitung gerade entgehen.

> Infobox
>
> **Beschreiben Sie die Blätter Ihres Manuskripts stets nur einseitig!**

Die Ausführung Ihrer Moderation birgt Stolpersteine genug in sich. Erschweren Sie es sich nicht noch unnötigerweise, indem Sie sich von vornherein vermeidbare Hindernisse in den Weg legen. Falls Sie beispielsweise in einer Moderation Anschauungsmaterial einsetzen wollen, dann legen Sie es sich vorher in der richtigen Reihenfolge zurecht (z. B. Arbeitsfolien, Bildmaterial). Dazu vermerken Sie sich auf Ihrem Konzept die entsprechende Nummer der einzusetzenden Folie, sonst ist auch hier die Gefahr gegeben, dass ein großes und unnötiges Durcheinander entsteht.

Manuskript mit Zeitkontrollplan

Eines der Hauptprobleme bei Konferenzen ist die zur Verfügung stehende Zeit und viele Moderatoren halten sich nicht an die festgelegte Zeiteinteilung. Wer sich auf seine Moderation konzentriert, weiß oft nicht, wie viel Zeit zur Problemlösung noch verbleibt. Deshalb ist ein Manuskript mit Zeitkontrollplan von Vorteil. Auf der linken Seite vermerken Sie Ihren Minutenetat für die einzelnen Phasen, auf der anderen Seite können Sie dann mit einem Blick erkennen, wie viel Zeit Sie noch zur Verfügung haben, um die restlichen Punkte abzuhandeln. Mit diesem Zeitkontrollplan kommen Sie mit Ihrer Moderation besser hin.

Auf den folgenden Seiten finden Sie ein Muster für ein Manuskript mit Zeitkontrollplan:

Moderationsvorbereitungsbogen für die Grob- und Feingliederung der Punkte

(1) ....

....

(2) ....

....

(3) ....

....

(4) ....

....

(1) Einleitung, (2) und (3) Hauptteil, (4) Schluss

Moderationsbogen mit Zeitkontrollplan

Minutenetat	Thematik	verbleibende Zeit
....	Einleitung	....
....	Hauptteil	....
....	Punkt 1	....
....	Punkt 2	....
....	Punkt 3	....
....	Punkt 4	....
....	Punkt 5	....
....	Punkt 6	....
....	Punkt 7	....
....	Punkt 8	....
....	Schluss	....

Zielbesprechungs-Moderation

Was ....

Wann ....

Wo ....

Wer ....

Weshalb ....

Warum ....

Worüber ....

Wie ....

Übersichtsbogen	
Einleitung	....
Hauptteil	Nebenpunkte
(1)	....
....	....
(2)	....
....	....
(3)	....
....	....
(4)	....
....	....
Schluss	....

Die systematische Strukturierung von Inhalten

Der Moderator ist meistens genötigt, viele Einzelbilder darzustellen, die sich am Schluss im Kopf der Teilnehmer wie ein Puzzlespiel zu einem Gesamtbild zusammensetzen sollen. Die mit Informationen überfluteten Teilnehmer sind jedoch in den wenigsten Fällen geneigt, sich die Puzzleteile einer Moderation am Schluss selbst zu einem Gesamtbild zusammenzusuchen. Deshalb muss der Moderator seine Moderation systematisch strukturiert vortragen.

Am Anfang steht deshalb die Grobstruktur, die eine Art Inhaltsverzeichnis oder die Agenda der Moderation darstellt. Die einzelnen Punkte der Grobstruktur werden dann in eine Mittelstruktur aufgelöst, die dann wiederum die Daten und Fakten einer Feinstruktur umfassen. Hat man die Darstellung der Feinstruktur abgeschlossen, werden alle Teilnehmer wieder zum nächsten Punkt der Grobstruktur zurückgerufen.

Damit wird selbst der Zuhörer, der die Feinstruktur nicht ganz verstanden hat, wieder für eine volle Aufmerksamkeit zurückgewonnen. Die Grob-, Mittel- und Feinstruktur begleiten dann den gesamten Informationsinhalt bis zur abschließenden Zusammenfassung am Ende der Moderation. Besonders bei der Visualisierung von Moderationsinhalten hat sich eine systematische Strukturierung bewährt.

Auf einen Blick

→ Nehmen Sie eine Moderation nur an, wenn Sie deren grundlegende Thematik wirklich beherrschen.

→ Bedenken Sie, bevor Sie mit der Ausarbeitung der Moderation beginnen, welche Ziele und Erwartungen damit verknüpft sind.

→ Wägen Sie gut ab, ob Sie die nötigen Voraussetzungen für die Moderation mitbringen. Wenn das nicht der Fall ist, überlegen Sie, ob Sie ohne Gesichtsverlust die Moderation ablehnen können.

→ Analysieren Sie den Teilnehmerkreis. So können Sie sich auf einige mögliche Reaktionen einstellen.

→ Sammeln und archivieren Sie jegliches Material, aus Zeitschriften, Fachbüchern, Katalogen usw., das Ihnen für die Moderation von Nutzen sein kann.

→ Wenn Sie ein Manuskript anfertigen, achten Sie darauf, es nicht zu eng zu beschreiben.

→ Nummerieren Sie Ihr Manuskript durch. Beschreiben Sie es nur einseitig.

→ Erstellen Sie am besten ein Manuskript mit Zeitkontrollplan.

→ Strukturieren Sie Ihre Moderation.

6. Präsentationstechniken

Von der Problemerfassung über Konzeption und Gestaltung bis hin zur Durchsetzungsstrategie bieten sich dem Moderator vier Entwicklungsstufen für die Erstellung eines individuellen Informations- und Moderationsprogramms an. Dabei muss den Konferenzteilnehmern jede Stufe als Einzelbaustein oder als gesamtes System zur Verfügung stehen:

- Problemerfassung, Faktensammlung, Analyse, Interpretation;
- Konzeption, Zielsetzung, Ideenfindung, Strategie;
- Gestaltung, Visualisierung, Anwendungskontrolle mit Layout-Folien;
- Produktion, Reinzeichnung, Lithoerstellung, Farbfoliendruck, Dia- und Filmkopien.

Überall, wo umfangreiches Wissen ohne Inhaltsverlust und ohne Inhaltsverzerrungen intensiv moderiert werden soll, bieten sich Transparentfolien an. Durch gute Transparentfolien wird die Botschaft prägnant präsentiert, da sie über mehrere Kommunikationsstufen hinweg unverfälscht vorgezeigt wird. Insbesondere gehen keine Argumente verloren. Vorteile, Daten, Argumente, Ergebnisse oder Fakten können den Konferenzteilnehmern mit Hilfe von Farbfolien besser präsentiert werden als durch bloßes Vortragen.

6.1 Die Bausteine der Visualisierung kennen und beherrschen

Die Visualisierung erleichtert die Informationsaufnahme von komplexen Inhalten ungemein. Es gibt verschiedene Bausteine, die man zur unterstützenden Visualisierung einsetzen kann: grafische Hilfsmittel, Diagramme, Funktionsabläufe, perspektivische Zeichnungen, Fotos und Systemabbildungen, Denkmodelle. Als grafische Hilfsmittel bezeichnen wir die Schrift, Unterstreichungen, Einrahmungen, Punkte zur Aufzählung und Gliederung aber auch Pfeile, um der Information eine Richtung zu geben, Sterne, um zu gliedern, Einrahmungen, um Wichtiges hervorzuheben und Farbe, um optisch Informationen herauszustellen.

Bei der Verwendung von Diagrammen können wir auf verschiedene Diagrammformen zurückgreifen. Die gebräuchlichsten sind das Kurvendiagramm, das Kreisdiagramm, das Säulendiagramm und das Stabdiagramm. Darüber hinaus können wir jedoch auch Kreuzdiagramme, Körperdiagramme, Achsenkreuzdiagramme, Gebietsgrafiken und jede Form der Matrix zur bildhaften Aussage von Fakten und Daten verwenden. Wichtig ist für den Moderator zu überprüfen, welche Diagrammform die geeignetste und eindeutigste Form für den Teilnehmer ist.

157

Da viele Informationen nicht rein statisch sind, sondern sich besser in Prozessabläufen darstellen lassen, können wir auf Funktionsabläufe nicht verzichten. Ein Kaufentscheidungsprozess lässt sich z. B. schwerlich in einem Diagramm darstellen, jedoch leicht in einem Funktionsablauf von der Anregungsphase über die Informationsphase und Entscheidungsphase bis hin zur Bestätigungsphase eines Kaufaktes. Bei Produktionsprozessen, die zu schildern sind, kann man deshalb auf Funktionsabläufe nicht verzichten.

> **Infobox**
>
> **Verwenden Sie auch perspektivische und räumliche Darstellungsformen zur Visualisierung Ihrer Aussagen!**

Um Bildaussagen möglichst plastisch und wirkungsvoll zu moderieren, sollten perspektivische und räumliche Zeichnungen – dort, wo sie möglich sind – verwendet werden. Perspektivische Zeichnungen sind für die Wahrnehmung besonders reizvoll. Um Kästen, Pfeile und Stabdiagramme interessanter zu machen, ist es nicht schwer, perspektivische Zeichnungen hiervon anzufertigen. Am wenigsten abstrakt sind Fotoabbildungen, die jedoch bei den verschiedenen visuellen Medien unterschiedlich schwer zu erstellen sind.

Komplexere Prozesse lassen sich leichter in Systemabbildungen verdeutlichen, die jedoch nicht immer gleich im vollen Umfang dargestellt werden sollten, sondern sich langsam für den Betrachter Stück für Stück mit einzelnen Bewertungsschritten zu einem Gesamtbild ergänzen sollten. Darüber hinaus bieten sich für viele Moderationsinhalte jeweils eigene visuelle Informationsmodelle an (so genannte Denkmodelle). In diesen Denkmodellen finden sich häufig mehrere Einzelelemente der zuvor genannten Bausteine wieder.

Logisch und konsequent aufgebaute Denkmodelle, in visueller Form dargestellt, haben häufig einen deutlich höheren Behaltwert als viele Worte einer Moderation, die schnell vergessen sind. Da diese Denkmodelle immer eine individuelle Information verkörpern und sich von anderen Informationen immer stark differenzieren, kann der Teilnehmer diese vorgetragenen Gedanken leichter speichern und bei späteren Diskussionen auf sie zurückgreifen.

6.2 Überzeugen durch Visualisierungstechniken

Eine Erkenntnis lautet: Niemand kann einen anderen überzeugen, das muss jeder für sich selbst tun. Die Bedeutung dieser Erkenntnis macht bewusst, dass wir niemanden überzeugen, aber jedem dabei helfen können, sich selbst zu überzeugen. Doch wie kann ein Modera-

tor die Teilnehmer besser informieren, sodass sich diese
selbst schneller überzeugen? Um diese Frage zu beantworten, müssen wir uns mit fünf verschiedenen Teilas-
pekten beschäftigen:

- Machen Sie sich die Wirkung der optischen Informationsaufnahme bewusst.
- Überlegen Sie, wie die Verständlichkeit von Botschaften erhöht werden kann.
- Lernen Sie die Bausteine der Visualisierung kennen
  und beherrschen.
- Berücksichtigen Sie die systematische Strukturierung
  von Inhalten.
- Wählen Sie das richtige Medium für die visuelle Botschaft aus.

Es ist eine alte Tatsache, dass neben der akustischen
Aufnahme die optische Aufnahme von Informationen
von gleich hoher Bedeutung ist. Die Aufnahme von Informationen kann nämlich um ein Vielfaches erhöht
werden, wenn die akustische (Hören) und die optische
(Sehen) Aufnahme beim Zuhörer parallel erfolgen. Diese
Tatsache ist in verschiedenen Untersuchungen erforscht
worden; deshalb gibt es in der heutigen Literatur unterschiedliche Werte zur Aufnahmekapazität.

Generell kann man jedoch sagen, dass sich die Aufnahmefähigkeit bei parallel Gehörtem und Gesehenem un-

gefähr verdoppelt. Eine Untersuchung hat gezeigt, dass gehörte oder gesehene Information sehr viel schneller vergessen werden als Informationen, die parallel gehört und gesehen wurden. Darum gewinnt der Einsatz von Visualisierungstechniken an Bedeutung.

Wenn wir heute eine Moderation mit vielen Fakten und Daten hören, die Entscheidungsdiskussion jedoch erst in acht Tagen erfolgen soll, so ist leicht zu erkennen, dass die Teilnehmer der Entscheidungsdiskussion sich kaum noch an die wesentlichen Fakten und Daten erinnern können. Deshalb erleben wir in solchen Diskussionen häufig Allgemeinaussagen und wenig konstruktive Beiträge.

Gehörtes und Gesehenes erhöht die Aufnahmefähigkeit der Teilnehmer beträchtlich!

Wer einmal den erhöhten Wert der gleichzeitigen Aufnahme von gehörten und gesehenen Informationen bei seinen Zuhörern erlebt hat, wird sich in Zukunft weiterhin der Mühe unterziehen, wesentliche Teile seiner Moderation zu visualisieren, auch wenn das mit einigem zusätzlichen Aufwand verbunden ist. Die Erkenntnis ist wichtig, dass nicht etwa die Bildaussage oder die Visualisierung der Information bereits die Aufnahmefähigkeit erhöht, sondern erst das parallele Vortragen/Moderieren von akustischen und visuellen Botschaften.

161

6.3 Auswahl und Einsatz technischer Hilfsmittel

Ein Bild sagt mehr als tausend Worte: Technische Hilfsmittel erleichtern eine Moderation ungemein. Für den Zuhörer bedeuten sie durch das gleichzeitige Sehen und Hören eine optimale Voraussetzung, sich zu erinnern. Manche Menschen tun sich allerdings mit der Anwendung von technischen Hilfsmitteln sehr schwer. Wer Schwierigkeiten damit hat, muss sich in die Technik zu vertiefen suchen, denn die technischen Hilfsmittel gehören heute zu einer erfolgreichen Darbietung. Wenn es überhaupt nicht klappt, dann muss eine Hilfsperson zur Bedienung der Technik herangezogen werden.

Folgende Punkte sollten beachtet werden:
- die richtige Auswahl der technischen Hilfsmittel
- die richtige Vororganisation
- alles intakt und komplett am Ort der Durchführung
- die richtige Einstellung der Geräte (Übereinstimmung, Kompatibilität)
- Endkontrolle

Das richtige Medium für die visuelle Botschaft
Keine Moderation, keine Präsentation gleicht der anderen. Jeder Moderator hat unterschiedliche Erfahrungen zu den in der nachfolgenden Tabelle aufgeführten Me-

dien. Eine pauschale Bewertung für alle Vortrags- und Moderationsmedien gibt es nicht. Dafür sind die Vortrags-/Moderationsinhalte und die Vortragenden/Moderatoren zu verschieden. Die Tabelle soll lediglich einen Überblick über die vorhandenen Geräte bieten und ihre generellen Vor- und Nachteile aufführen. Das soll Ihnen die Wahl des passenden Mediums erleichtern. Die Auswahl des richtigen Mediums sollte vielmehr nach den Kriterien der Handhabung, des Aufwands der Software-Eigenproduktion – also des Inhalts – und der Wirkung der Medien auf die Teilnehmer erfolgen. Diese Auswahlkriterien liegen der nachfolgenden Tabelle zugrunde und sind ergänzend hinsichtlich der Erfahrung des Moderators, des Konferenzortes, der Teilnehmer, der Bedeutung des Inhalts und der zur Verfügung stehenden Zeit zu überprüfen.

Natürlich lassen sich die Medien auch kombinieren, so etwa der Tageslichtprojektor für den Vortragsteil und das Flip-Chart für die Diskussion. Aber Vorsicht beim ungeübten Einsatz von mehreren Medien. Auch sollte sich jeder Moderator die Frage stellen: Lohnt sich der Zeitaufwand für die Visualisierung? Jeder Moderator weiß aus Erfahrung, wie zeitraubend die Fertigstellung von visuellen Grundlagen sein kann. Aber diesem Zeitaufwand eines Einzelnen oder einer kleinen Gruppe steht auch die enorme Zeiteinsparung durch schnelles Verstehen der Teilnehmer gegenüber.

Generell kann man deshalb sagen, der Zeitaufwand und der persönliche Einsatz lohnen immer. Denn es gilt: Wer die Chance bekommt zu moderieren, hat auch die Chance, sich selbst zu profilieren. Das Geheimnis des Erfolges liegt dabei in der visuellen Vorbereitung der Moderation.

Visuelle Geräte zum persönlichen Vortrag mit Auswahlkriterien

Handhabung	Eigenproduktion der Software	Wirkung auf die Teilnehmer
1. Chart einfach, flexibel im Vortrag, mobil, ständiger Blickkontakt zum Zuhörer, Umfang begrenzt, zu klein bei größerem Zuhörerkreis	leicht bei Schemata, Schriften und Zeichnungen, erfordert Übung, Bildmontage möglich, für fotografische Vergrößerungen verwendbar	überschaubar auch für komplexe Inhalte, erleichtert die Informationsaufnahme auch bei kurzen Konferenzen, verstärkt das Wichtige, für die Diskussion können alle Charts nebeneinander gestellt werden

Handhabung	Eigenproduktion der Software	Wirkung auf die Teilnehmer
2. Flip-Chart überall aufstellbar, nach kurzer Einübung leicht handhabbar, Ergänzungen während der Moderation machbar, Rückblenden jederzeit möglich, Diskussionsbeiträge sofort festhaltbar, Blickkontakt zum Zuhörer wird beim Schreiben unterbrochen, begrenzte Abfolge	Die erforderlichen Großschriften setzen zeichnerische Fertigkeiten voraus, vorgefertigte Charts möglich, für komplexe Darstellungen (Abläufe) empfehlenswert, Korrekturen aufwändig, nicht kopierfähig	aktuell und aktiv, plakative Übersicht auch bei komplexen Inhalten, sicherer Rückgriff auf dargestellte Fakten, für die Diskussion können alle Blätter an eine Wand geheftet werden

Handhabung	Eigenproduktion der Software	Wirkung auf die Teilnehmer
3. Pinnwand Kärtchen können jederzeit umgeordnet werden, Ergänzungen machbar, Stellwände oder spezielle Wandbeschaffung nötig, Art der Anbringung muss beachtet werden (Magnet, Kleber, Nadel), Kärtchentechnik zur Einbeziehung der Teilnehmer setzt Übung und Erfahrung voraus	gut für wachsende Darstellungen mit vorbereiteten Einzelbildern (Kärtchen) zu komplexen Übersichten, Zuordnung der Kärtcheninhalte zueinander leicht veränderbar durch Umstrukturierung	moderne Kommunikationstechnik, der Lösungsprozess wird miterlebt, aktiviert und fordert zur Ergänzung auf, Einbeziehung der Teilnehmer schafft Vertrauen

Handhabung	Eigenproduktion der Software	Wirkung auf die Teilnehmer
4. Tageslicht-Projektor Vortrags-/Moderationsübung erforderlich für Schreibprojektion auf Endlosfolie, mit ausgearbeiteten Folien leichte Moderation, ständiger Blickkontakt zum Zuhörer, die Darstellung verlangt einen strukturierten Inhalt, mobil und stationär, Spezialleinwand erforderlich	Folienfolge verlangt strukturierten Ablauf, Foliengestaltung setzt Übung voraus, Farbe möglich, bei vorgedruckten Folien kann Vorbereitungszeit gespart werden, Angebot von fertigen Folien nutzen, Papiervorlagen auf Folie fotokopierbar	Text ist abstrakt, Grafik ist anschaulich, bei parallelem Vortrag von Bildteil und Sprechtext leichte Informationsaufnahme, informativ, aber bei zu vielen Folienmotiven ermüdend, Folien fotokopierfähig als Diskussionsunterlage

Handhabung	Eigenproduktion der Software	Wirkung auf die Teilnehmer
5. Dia-Projektor nach kurzer Übung leicht bedienbar, die Technik erfordert allerdings das Bedienenkönnen, Moderator muss sich in verdunkeltem Raum durchsetzen können, mit Zusatzgerät schnelle Bildanwahl möglich, bei Doppelprojektion weiche Überblendung ohne Dunkelphasen	Diafolge verlangt strukturierten Ablauf, Darstellung erfordert Fotograf und Kopieranstalt, Diamotive brauchen Bilder und Farbe, gut für Abläufe von sich ändernden realen Situationen	sehr anschaulich, hohe Bildqualität, repräsentativ, spricht neben der Ratio auch das Gefühl an, der apparative Aufwand kann störend wirken

So erarbeiten Sie eine Mindmap

Die Mindmap ist entwickelt worden, um komplexe Strukturen „gehirngerecht" zu erarbeiten und darzustellen. Mindmaps können gemeinsam mit einer Gruppe entwickelt oder zunächst in paarweiser Zusammenarbeit auf einem DIN-A4-Blatt erstellt werden, um diese dann anschließend zusammenzuführen. Die Mindmap stellt komplexe Zusammenhänge in den assoziativen Strukturen dar, in denen unser Gehirn arbeitet. Sie nutzen einerseits gezeichnete Elemente, um Zusammenhänge darzustellen, andererseits halten Sie mit Stichworten und Symbolen die Inhalte fest. Sie können Mindmaps benutzen, um das gesamte Meeting damit zu strukturieren und zu steuern.

So arbeiten Sie mit einer Metaplanwand

Eine weitere einfache Technik ist das Sammeln von einzelnen Gedanken auf einer Metaplanwand mithilfe von Karten, die mit Nadeln an die Wand gepinnt werden. Dazu verteilen Sie an Ihre Teilnehmer Kärtchen, auf die sie mit Filzschreiber stichpunktartig notieren, was ihnen zu dem jeweiligen Thema einfällt. Jeder, der eine Idee hat, nennt diese und schreibt dann ein Stichwort auf sein Kärtchen. Sie als Moderator pinnen die beschrifteten Kärtchen der Teilnehmer an die Metaplanwand. Der Vorteil dieser Methode besteht darin, dass Sie relativ schnell die Karten zu übergeordneten Themenbereichen gruppieren können.

So arbeiten Sie mit einem Flipchart

Als weitere Technik können Sie ein Flipchart verwenden, auf dem Sie die Zurufe der Teilnehmer zu einer Materialsammlung zusammentragen. Der Nachteil hierbei ist, dass Sie für eine Systematisierung der einzelnen Punkte alles nochmals schreiben müssen. Vereinbaren Sie mit Ihren Teilnehmern, dass es in dieser Phase wichtig ist, schnell und zügig zu arbeiten, um die assoziativen Fähigkeiten des Gehirns zu nutzen. Zunächst sollten Sie sich mit Fragen, Erläuterungen oder kritischen Äußerungen zu den aufgeführten Punkten zurückhalten, um den kreativen Prozess zu fördern. Die kritische Auseinandersetzung mit den einzelnen Beiträgen folgt später.

6.4 Telefonkonferenzen

Die Möglichkeit zur Veranstaltung von Telefonkonferenzen gibt es schon lange. Diese moderne Telekommunikationstechnik eignet sich vor allem für Unternehmen, die an mehreren Standorten tätig sind oder sich mit Partnern weltweit austauschen. Telefonkonferenzen sparen Zeit und meist auch Reisekosten.

Die Stärken der Telefonkonferenz liegen insbesondere in folgenden Punkten:

● kostengünstiger und zeitsparender Weg, ein gemeinsames Meeting abzuhalten;

- die Partner an den verschiedenen Standorten können gemeinsam ein Problem erörtern;
- Telefonkonferenzen können relativ schnell realisiert werden;
- Telefonkonferenzen eignen sich vor allem für Abstimmungsprozesse, die das Alltagsgeschehen betreffen.

Daneben finden sich bei diesem Medium aber auch einige Schwächen, Probleme und Gefahren:

- Die Teilnehmer müssen Regeln beachten, sie müssen sich z. B. jedes mal zuerst vorstellen, bevor sie etwas sagen.
- Telefonkonferenzen werden häufig als Sparlösung einer weitaus teureren Videokonferenz angesehen.
- Eine Telefonkonferenz muss meist durch visuelle Vorlagen unterstützt werden, damit klar wird, worum es geht.
- Insbesondere die Reaktionen des anderen sind schwer einschätzbar.
- Ungeübte Teilnehmer können Verwirrung stiften.
- Telefonische Konferenzen müssen sorgfältig moderiert und vorbereitet werden, damit nicht ein Teilnehmer den Gedankenaustausch dominiert.

Allerdings können Bewertungsfragebögen, die in Abständen an die Teilnehmer geschickt werden, wichtige Hinweise zur Optimierung geben.

Auf einen Blick

→ Bestimmen Sie eine Person als Moderator, die geübt ist und die Fähigkeit hat, unterschiedliche Positionen auch zur Geltung kommen zu lassen.

→ Setzen Sie klare Ziele und stellen Sie eine möglichst kurze Tagesordnung auf.

→ Erklären Sie neuen Teilnehmern die Regeln dieser Art von Konferenz.

→ Machen Sie vorher – wenn nötig – den Teilnehmern Unterlagen in Form von Faxen oder E-Mails zugänglich.

→ Begrüßen Sie die einzelnen Teilnehmer und stellen Sie diese vor.

6.5 Videokonferenzen

Angesichts der technischen Entwicklung wird die Durchführung von Videokonferenzen immer kostengünstiger und leichter zu realisieren. Allerdings stellt dieses Medium eine weit aufwändigere Kommunikationsform als die Telefonkonferenz dar. Bezieht man allerdings die Reisekosten und die Arbeitszeiten der Teilnehmer mit ein, ist die Videokonferenz äußerst kostengünstig. Auch haben heutzutage viele Top-Manager und Spezialisten gar nicht mehr die Zeit, zu Meetings an- und abzureisen. Für sie ist die Videokonferenz unumgänglich.

Die Vorteile: Meetings in kleinen Gruppen sind weltweit ohne Reisezeiten und -kosten möglich. Die Schwächen: Sie ist vergleichsweise kostenintensiv, wenn die Teilnehmer räumlich nicht weit entfernt voneinander tätig sind. Auch die Wiedergabequalität der Videobilder und der Sprache kann manchmal unbefriedigend sein. Um Zeitzonen zu überbrücken, müssen manche Teilnehmer zudem auch nachts bereitstehen.

Allerdings können Videokonferenzräume in den meisten größeren Städten gemietet werden. Dennoch: Machen Sie stets eine Gegenrechnung auf: nämlich eine Aufstellung der Reise- und Personalkosten aller Teilnehmer und vergleichen Sie die gesetzten Ziele mit den Ergebnissen.

> **Infobox**
>
> **Bevor Sie eine Videokonferenz einberaumen, sollten Sie prüfen, ob die Kosten tatsächlich geringer sind, als wenn Sie eine übliche Konferenz einberufen würden.**

Steuerung des Gesprächsflusses

Bei Videokonferenzen kommt es in der Regel nach dem Ende einer Äußerung zu längeren Pausen, wenn der Vorredner keine explizite Redeaufforderung gegeben hat.

Bei persönlichen Treffen wird der nachfolgende Redner seinen Redewunsch durch Gesten und Blickkontakte äußern. Durch diese im Allgemeinen unbewusst ablaufende informelle Kommunikation kann der nachfolgende Redner bei kleineren Gruppen (max. ca. 10–20 Teilnehmer) schnell ermittelt werden; es kommt selten dazu, dass sich die Redner unbeabsichtigt ins Wort fallen.

Bei größeren Gruppen von mehr als 20 Teilnehmern ist diese Art der Gesprächssteuerung nicht mehr effizient, da kaum ein Teilnehmer alle anderen in seinem Blickfeld hat. Daher werden Diskussionen mit vielen Teilnehmern von einem Moderator geleitet, der Gesprächswünsche, die beispielsweise durch Armheben signalisiert werden, entgegennimmt und das Wort erteilt.

Beide Verfahren sind bei Videokonferenzen kaum anwendbar. Informelle Kommunikation über Blickkontakt und Gestik ist momentan technisch bedingt nicht möglich. Ein Moderator kann zwar das Rederecht vergeben und bei Gesprächspausen das Wort ergreifen, er wird aber durch die bei großen Konferenzen hohe Zahl an Videobildern auf dem Bildschirm kaum in der Lage sein, Meldungen durch Handheben zu erkennen und als Gesprächswunsch aufzunehmen. Zudem hat er kaum die Gelegenheit, dem sich Meldenden die Akzeptanz des Gesprächswunsches zu signalisieren – ein gezieltes Zeigen oder Zunicken ist bei Videokonferenzen nicht möglich.

Aus diesem Grund wäre ein Konferenz-Werkzeug wünschenswert, welches das Führen einer Gesprächswunschliste erlaubt und das idealerweise den Moderator zur Gesprächsfluss-Steuerung überflüssig macht.

Durchführung von Abstimmungen
Viele Konferenzen erfordern Abstimmungen unter den Teilnehmern, sei es zum Fassen eines gemeinsamen Beschlusses, zur Vereinbarung eines Termins oder zur Feststellung einer Meinungslage. Bei persönlichen Treffen werden Abstimmungen in der Regel durch offene Abstimmungen mit Stimmabgabe durch Armheben realisiert.

Diese Art der Abstimmung ist bei Videokonferenzen aus den oben genannten Gründen kaum möglich. Vielmehr sollte ein Konferenz-Werkzeug eingesetzt werden, das die Durchführung, Auswertung und Dokumentation von Abstimmungen zulässt.

Auf einen Blick

→ Setzen Sie klare Ziele und stellen Sie eine möglichst kurze Tagesordnung auf.

→ Benutzen Sie – wenn möglich – eine weitere Kamera, die Illustrationen aufnimmt.

→ Erklären Sie neuen Teilnehmern die Regeln dieser Art von Konferenz.

6.6 Infoscreens

Infoscreens können nur kurze Nachrichten in Schlagworten transportieren. Oft werden die Inhalte der Infoscreens viel zu spät aktualisiert, sodass die meisten Teilnehmer gar nicht mehr hinsehen. Auch die Lesegeschwindigkeit der Teilnehmer kann enorm differieren. Verschwinden die Zeilen zu schnell, wenden sich die Teilnehmer ab, bleiben sie zu lange stehen, tritt Langeweile ein. Hören Sie daher mit spitzen Ohren auf die Kommentare Ihrer Mitarbeiter und beobachten Sie deren Verhalten. Auf diese Weise erhalten Sie eine detaillierte Erfolgskontrolle.

Auf einen Blick

→ Überlegen Sie, ob es für die Informationen, die Sie auf Infoscreens anbieten, nicht geeignetere bzw. effizientere Wege gibt (z. B. Intranet oder E-Mail).

→ Setzen Sie sich klare Ziele, was Sie mit den Infoscreens erreichen möchten. Verzichten Sie unbedingt auf unnötige Show-Effekte oder Spielereien.

→ Verwenden Sie nur kurze Sätze und bekannte Worte, denn alle Informationen sollten ohne große Mühe lesbar sein.

→ Erfahrungswerte gewinnen Sie dadurch, indem
Sie Ihre Texte (Satzlängen, Wortschatz,
Pausen) vorab mit einer Gruppe von
Mitarbeitern testen.

6.7 Business-TV

Auf das Medium Business-TV setzen nicht nur große
Konzerne, sondern vermehrt auch mittelständische Unternehmen. Business-TV dient zur Information der Teilnehmer. Die Technik ist relativ aufwändig und teuer,
dafür findet eine Reduzierung der Reisekosten und Ausfallzeiten statt.

Business-TV ist ein aktuelles Medium, das schnell und
zeitgleich eine große Zielgruppe erreicht. Es besitzt zudem eine hohe Glaubwürdigkeit durch authentische Informationen von der Unternehmensleitung und den
Führungskräften. Insbesondere die Übertragung von Ereignissen stärken sowohl bei den Teilnehmern als auch
bei der Belegschaft das Zusammengehörigkeitsgefühl.

Das Medium Business-TV besitzt eine große emotionale
Wirkung, da Bilder und Sprache gleichzeitig übertragen
werden und die Informationen von den Teilnehmern

leicht aufgenommen werden können. Business-TV findet allerdings dann eine geringe Akzeptanz, wenn die Inhalte nicht spannend und nutzbringend sind, was leider allzu oft vorkommt.

Die Nachteile: Insbesondere die Unternehmensleitung und deren Führungskräfte gehen oftmals zu ungeübt mit dem Medium Fernsehen um. Das wiederum senkt in den Augen der Teilnehmer und Mitarbeiter deren Glaubwürdigkeit. Auch sollten die Inhalte der Sendungen weniger auf aktuelle Nachrichten, sondern vielmehr auf Themen mit Nutzwert ausgerichtet sein. Die Teilnehmer müssen die Informationen für ihre konkrete Problemlösungsmöglichkeit benötigen.

> **Infobox**
>
> **Nicht das Fernsehen macht den Kern dieses Kommunikationsmediums aus, sondern die Vermittlung von Wissen und Informationen zur besseren Ausübung der Arbeitsaufgaben.**

6.8 Intranet

Unter Intranet versteht man ein firmeneigenes Kommunikationsnetz, das sich zwischenzeitlich zu einer Plattform für verschiedene Anwendungen entwickelt hat. Den Anfang bilden meist allgemeine Informationen, die von den Teilnehmern abgerufen werden können (z. B. Pressemitteilungen, Organisationspläne, Vorträge der Unternehmensleitung und der Führungskräfte, Projektbeschreibungen etc.).

Das Intranet ermöglicht dadurch eine neue Form des Austausches von Informationen bei Konferenzen über Diskussionsgruppen (Newsgroups) und Diskussionsforen (Chats). Da die Unternehmen sich die Netze auf ihre eigenen Belange zuschneiden können, sind die Strukturen und die Inhalte dieses Mediums sehr vielfältig. Insbesondere kann sich das Medium aufgrund seiner Leistungsvielfalt an die speziellen Bedürfnisse des Unternehmens anpassen und bildet somit eine einheitliche Plattform für das ganze Unternehmen.

Das Intranet ist ein schnelles, kostengünstiges Mittel zur Erledigung internationaler Kommunikation im Unternehmen; als Arbeitsmittel optimiert das Intranet auch die Produktions-

> **Infobox**
>
> **Das Intranet ist das optimale Medium für unternehmensinterne Kommunikation!**

prozesse. Andererseits besteht die Gefahr der Datenwüste, wenn die jeweiligen Abteilungen und Bereiche ihre Daten ungeordnet ins Netz stellen. Oftmals wird auch versäumt, veraltete Informationen zu entfernen, sodass leicht ein Datenfriedhof entsteht.

Das Intranet ist ein interaktives Medium, obwohl es immer noch von vielen Unternehmen lediglich als reines Informationsmedium eingesetzt wird.

Auf einen Blick

→ Sorgen Sie für eine Strukturierung des Intranets (Modifizierung des Eingangsportals, Verkürzung der Suchprozesse).

→ Sorgen Sie für einen Zugang aller Teilnehmer zum Intranet.

→ Durchforsten Sie die Informationsbestände stets mit Blick auf Aktualität und Nutzerfreundlichkeit.

→ Wenn Sie Business-TV haben, achten Sie darauf, nicht nur Nachrichten zu bringen. Themen mit Nutzwert fesseln den Zuschauer mehr.

7. Veranstaltungsauswertung

Zu einer guten Organisation gehört auch die Auswertung der Veranstaltung. Ziehen Sie Bilanz mit allen Teilnehmern und Mitarbeitern. Fassen Sie hierzu alle wesentlichen positiven wie auch negativen Ergebnisse zusammen und fertigen Sie ein schriftliches Protokoll aller wichtigen Ergebnisse an.

Insbesondere das „Pannenprotokoll" ist eine wichtige Hilfe, wenn Sie das nächste Mal eine Veranstaltung planen. Bewahren Sie auch alle anderen Arbeitsunterlagen, Pläne, Adressen und Notizen bis zur nächsten Veranstaltung auf.

Infobox

Die Veranstaltungsauswertung ist eine wichtige Rückmeldung für den Moderator!

Vervollständigen und überarbeiten Sie die verwendeten Checklisten. Arbeiten Sie die Punkte ein, die das nächste Mal zusätzlich berücksichtigt oder geändert werden müssen.

Verschaffen Sie sich auch unmittelbar nach Beendigung der Veranstaltung einen Überblick über den finanziellen Status. Überprüfen Sie hierzu alle Einzelrechnungen (Honorare, Gehälter, Mieten) und vergleichen Sie diese mit Ihrem Voranschlag. Sorgen Sie aber auch dafür, dass klar ist, an wen sich Interessierte im Anschluss an die

Tagung/Konferenz wenden können, wenn Auskünfte und Rückfragen entstehen.

7.1 Ergebnisse

Waren die inhaltlichen Ergebnisse der Veranstaltung ergiebig, können Sie überlegen, ob die fachlichen Beiträge – wenn möglich – nicht ihren Niederschlag in Druckform finden sollten, damit sowohl die Teilnehmer/Mitarbeiter als auch sonstige Interessierte die Vorträge und Diskussionen eingehend und kritisch studieren und auswerten können.

Die Referate, Diskussionen und Protokollniederschriften können auch – ergänzt um Interviews und Fotos – als Dokumentation der Tagung in eigener Regie erscheinen. Die fachlichen Mitarbeiter übernehmen in diesem Zusammenhang die Redaktion. Je nach Finanzlage kann sich die Dokumentation auf Auszüge beschränken. Wünschenswert kann es auch sein, wenn der inhaltliche Teil einer Tagung/Konferenz nach ihrer Beendigung in einer abgeschlossenen Publikation erscheint.

Klären Sie bei den Teilnehmergruppen genau, wer bis wann, was zu tun hat. Es empfiehlt sich, zumindest diese Informationen schriftlich in einem Ergebnisprotokoll festzuhalten, um bei einer späteren Kontrolle feststellen zu können, ob alle noch auf dem richtigen Weg zum Ziel sind.

7.2 Protokoll

Als letzten Schritt sollten Sie sich ein Feedback von der Gruppe bzw. von Ihren Teilnehmern einholen, wie das Meeting bzw. die Konferenz gelaufen ist. Auch Sie als Moderator sollten Ihren Teilnehmern ein Feedback bezüglich der Mitarbeit und der vorherrschenden Stimmung geben.

> Infobox
>
> **Durch ein ausführliches Protokoll erfährt der Moderator, was er in Zukunft noch verbessern kann!**

Bei allen Meetings bzw. Konferenzen müssen Sie stets entscheiden, wie weit Sie die Bearbeitung der einzelnen Punkte auch tatsächlich ausdehnen wollen. In „kleinen" Meetings und Konferenzen geht es sicherlich etwas weniger strukturiert zu. Dennoch sollten Sie sich immer darüber im Klaren sein: Je häufiger Sie die Regeln und Strukturen für Meetings und Konferenzen durchgesetzt und eingehalten haben, desto besser und effektiver werden die nächsten für alle ablaufen.

Spätestens dann, wenn alle Mitarbeiter bzw. Teilnehmer sich missmutig über zu häufige und zeitraubende Treffen beschweren, sollten Sie daran denken, diese Regeln noch konsequenter anzuwenden! Wenn die Teilnehmer einer von Ihnen moderierten Konferenz dagegen Begeisterung zeigen, haben Sie offensichtlich sämtliche Ratschläge dieses Buches berücksichtigt!

Auf einen Blick

→ Führen Sie regelmäßig Besprechungen durch, und zwar nicht nur, um über Wichtiges zu informieren, sondern auch, um über Probleme und Lösungsmöglichkeiten zu sprechen.

→ Fördern Sie aktiv Fragen und Antworten.

→ Führen Sie regelmäßig Besprechungen durch, bei denen die erzielten Ergebnisse in einer Checkliste festgehalten und später kontrolliert werden.

→ Führen Sie regelmäßig Meetings bzw. Konferenzen durch, bei denen der tatsächlich erreichte Fortschritt mit den ursprünglich geplanten Zielen verglichen wird.

→ Schaffen Sie als Moderator eine entspannte Atmosphäre und die Bereitschaft zu einer offenen Diskussion von problematischen Themen.

→ Führen Sie mindestens halbjährlich ein Meeting auf einer formalen Grundlage durch, und machen Sie dabei Positives wie auch Negatives deutlich.

→ Informieren Sie alle Mitarbeiter so früh wie möglich über wichtige Sachverhalte, die es zu besprechen gilt.

→ Stellen Sie, wenn nötig, Informationsmaterial zusammen und verteilen Sie es rechtzeitig an alle Betroffenen.

→ Führen Sie gelegentlich Brainstorming-Sitzungen durch, die Mitarbeiter zum Einbringen neuer Ideen ermutigen sollen.

Register

Register